三國小札

刘逸生 著

中国青年出版社

(京)新登字083号

图书在版编目(CIP)数据

三国小札/刘逸生著.—北京:中国青年出版社,2017.12
ISBN 978-7-5153-5018-9

Ⅰ.①三… Ⅱ.①刘… Ⅲ.①史评—中国—三国时代—文集
Ⅳ.①K236.07-53

中国版本图书馆CIP数据核字(2017)第307446号

| 责任编辑 | 曾玉立 岳 虹 |
| 装帧设计 | 瞿中华 |

出版发行	中国青年出版社
社 址	北京东四十二条21号 邮政编码:100708
网 址	www.cyp.com.cn
门 市 部	010-57350370
编 辑 部	010-57350402
印 刷	北京盛通印刷股份有限公司
经 销	新华书店

规 格	889×1194 1/32
印 张	11.25
字 数	225千字
版 次	2018年6月北京第1版
印 次	2019年4月北京第2次印刷
定 价	49.80元

本图书如有印装质量问题,请凭购书发票与质检部联系调换
联系电话:(010)57350337

目 录

001 — 关于《三国小札》
004 — "真三国"和"假三国"（代序）

001 — 略说罗贯中
004 — 不寻常的开篇——桃园结义
010 — 英雄也要问出处——关云长的出身
014 — 天下第一条好汉——张飞
017 — "独破黄巾"——张飞的传奇
021 — 张角和"太平道"
024 — 东汉末年的大瘟疫
026 — 英雄出现与善恶报应
028 — 罗贯中的妙手——怒鞭督邮另有人

032 — 吕布及其赤兔马

035 — 吕布的方天画戟

040 — 舞台上的大排场——三英战吕布

046 — 数百回合的交锋

050 — "丑角"孙坚

053 — 白脸还是红脸——复杂的曹操

057 — 曹操的兵法著作

059 — 两个悲剧人物——陈宫和吕伯奢

063 — 貂蝉果真有其人吗

067 — 石榴园里论英雄——小杨修戏弄曹阿瞒

071 — 关云长遇上好色的曹操

074 — "汉寿亭侯"不是"汉·寿亭侯"

078 — "五关"踪迹何处寻

081 — 关羽的四个戊午及其谥号

085 — 无处不在的关帝

087 — 少有的毒辣文字——陈琳骂曹操

091 — 荆州何以成为曹刘争夺的焦点

097 — 孔明是为了阿斗而出山——"隆中对"闹剧

099 — 《隆中对》有蓝本

102 — 诸葛孔明伪诗

104 — 果真"如鱼得水"吗——刘备与孔明的关系

107 — 不值得同情的徐庶

113 — 第一流武将——赵云

118 — 一群大显身手的青年

120 — 赤壁之战纵横谈

- 130 — 《三国演义》中的演义——平话"赤壁之战"
- 135 — 从孙权受箭到孔明借箭
- 137 — 孙权有强大海军
- 139 — 鼻涂白粉的方巾丑——蒋干
- 142 — 孔明借风与禳星
- 146 — 华容道的反推法
- 148 — 鲁肃与周瑜的真面目
- 152 — 《单刀会》这个戏
- 157 — 生子当如孙仲谋
- 160 — 铜雀台和大乔小乔
- 163 — 假如庞统不死 三国局面可能大变
- 166 — 妙趣而热闹的《庞掠四郡》
  ——张飞被困乌龙阵 黄忠定计擒金全
- 170 — 神奇老将——黄忠
- 173 — 《三国演义》对魏延的污蔑
- 177 — "五虎将"是小说家决定的
- 179 — 一场政治婚姻的悲喜剧
- 182 — 元代杂剧《隔江斗智》与京剧《龙凤呈祥》
- 188 — 勇将马超的虚虚实实
  ——他原是悲剧人物,却给"演义"写活了
- 192 — 应该大书一笔的张飞巴西之战
- 194 — 罗贯中妙手出新招
- 200 — 谁来负责关羽的惨败
- 203 — 曹操的庞大家族
- 206 — 曹操不怕掘墓人——扑朔迷离的"七十二疑冢"

210 — 用古代天文学猜破的哑谜
——"狮子宫中,以安神位"

213 — 曹操与"下九流"

216 — 左慈的魔术

218 — 于吉——一个大有来历的道士

223 — "扮猪吃老虎"的书生——陆逊

226 — 关兴、张苞是"好心人的产物"

230 — 罗贯中"刀下鬼"不少
——为了挽回刘、关、张的面子

233 — 洛神和曹植的爱情故事

236 — 三个皇帝与三个寡妇

239 — 黄色竟有这等魔力吗

243 — "代汉者当塗高也"——一句挑起野心的怪语

246 — 天下军事亦难预料——"隆中对"一半成泡影

249 — 刘备也心狠手辣——一句话掉了脑袋的张裕

252 — 痛定思痛之后——论"白帝城托孤"

254 — 孔明接受托孤以后

257 — 诸葛亮为何"骂死王朗"

261 — 鲜明对照的一对——马谡与王平

265 — 《后出师表》是一篇伪作

270 — 诸葛恪是《后出师表》作伪者

274 — 《三国演义》的严重败笔——刘后主可曾怀疑孔明

277 — 木牛流马不是独轮车

282 — 孔明的妻妾及女儿——兼谈唐诗中的"峒氓"问题

288 — 《出师表》中特笔提到的人物——将军向宠

291 — 《三国演义》又一杰作——夏侯霸大放光彩

294 — 司马懿这个阴谋家

300 — 司马昭之心与钟会、邓艾之死

307 — 关索是谜一样的人物

310 — 口头"三国"拾趣

312 — 假三国之后还有假三国——关于《反三国志演义》

316 — 谈《反三国志》之"反"

326 — 替孔明"补天"的反三国戏

330 — 《三国演义》须应附上地图

关于《三国小札》

以刻苦自学终成大器的逸堂老人,穷其一生,致力于中国古典文学的普及。在写出蜚声国内的《唐诗小札》之后,陆续写了《宋词小札》《三国小札》,主编了《中国历代诗人选集》《中国古典小说漫话丛书》两套共数十种,晚年还写了文史小品数百篇,在刊诸报章之外,并编辑出版了《史林小札》《艺林小札》《事林小札》等,在普及中国传统文化知识方面,堪称贡献良多。

逸堂老人的自学,随兴趣所之,在少年时代除了古典诗歌之外,就是古典小说。他说考进香港《星岛日报》当校对,第一次发薪水,全部拿来买了一部《反三国志》。那时他虽然依旧贫困,但早已步入成熟之年了,却仍旧如此痴迷!他少年时代内心的饥渴,更可以想见。其中《三国演义》(全称《三国志通俗演义》)自然属于老人极为喜爱的一种。读书人大约都如此,对一部书,或一个作者,或一个问题发生了强烈兴趣,在以后的阅读中,乃至生活中、工作中,遇上有某种连带关系的触发点,就会一下被触发、点燃,寻味一番之后,会把素材和思考所得储存起来,或以记录的方式,或以记忆的方式。逸堂老人则更喜欢以剪报的方式,这大抵由于他的职业方便吧!

他保存着许多剪报,有些就直接夹在有关的书页间。时间一长,这些相关资料会积累得很多,而对一个聪明人,它可以使他成为"问题专家",或者换句话说,它可以使他在"这个问题"上,成为一个知识渊博的人。逸堂老人对《三国演义》的知识造诣到底有多深?不好说。但他确是一个"三国迷"则不假。因此,到"文革"结束以后,应复办的《羊城晚报》之约,他就开了一个专栏叫"漫话三国"。根据晚报读者对象的要求,仍以知识性、趣味性为取向。专栏颇受欢迎,其后结集。老人为初版所作"内容提要"说:

> 本书以"漫话"的形式,不拘一格地谈论三国人物和故事……它传播历史知识,但又非史料的罗列,而充满了轶闻趣事;它进行艺术分析,但又非理论的说教,而从比较中给人启发;它也有史实的核查,但并非繁琐的考证,而言简意赅;它还有人物的评价,却不是长篇大论,而言之有据。本书各篇文字,都是围绕小说《三国演义》为中心来展开的,但不局限于此,而是牵针引线,将三国故事有关的民间传说,以及正史、野史的有关记载,施以取舍,分置轻重,搜罗编织而成……

它概括了《三国小札》普及性的特点和作者为文的用心。但是,在翻阅这些趣味盎然的篇章时,如果对《三国志》或者《三国演义》下过功夫的读者,并不难感受到老人修养的深浅。也和《唐诗小札》《宋词小札》一样,他其实是运用深入浅出的笔致,看似闲来几句,却是举重若轻,在不经意中启导读者,通过有趣的话题激发他们去想象,探究和思考。这正是一本好的普及读物所具有的魔力,与大学讲义那般严肃、学究的面孔完全不同。

在读《三国小札》时,我们不难从字里行间发现逸堂老人不时流露出来的童心——那是一个充满着求知欲望的、对书的海洋充满着好奇心的自学少年的心。且看这些篇章题目:

> 关于大战若干回合……另一个"巧使连环计"……不问年龄的"桃园结义"……来历不清的关羽……奇怪的"过五关"……关羽之败,谁应负责?……何来的"五虎将"?……刘后主怀疑过孔明吗?……诸葛亮为什么要痛骂王朗?……木牛流马不是独轮车……魏延是降将吗?……曹操的"七十二疑冢"……刮骨与开颅……左慈的魔术……鲁肃的真正面目……民间创造的"赤壁之战"……华容道的面貌……草船借箭的来历……

从这些吉光片羽之中,我们仿佛可以看到逸堂老人从少年到中年,到老年,一生阅读、探究"三国故事"的浓厚兴趣和不减热情。《三国演义》对于广大读者的魅力,从近年易中天《品三国》,结合三国的历史开讲《三国演义》而声名鹊起,又得一证。我想指出,此类普及性的漫谈的方式,在20世纪80年代初,逸堂老人的《三国小札》中,就已经有过成功的尝试了。

刘斯翰

2007年5月3日于童轩

"真三国"和"假三国"（代序）

三国故事的复杂性

在五千年炎黄历史上，英雄豪杰，风流人物，可谓项背相望，数不胜数。太远古的不计，单说"一部二十四史"，其中人物的杰出，事件的离奇，就已使人眼花缭乱，真有"不知从何说起"之叹。但是，也奇怪，从学者、诗人，到工农商政，若问起他最熟悉的历史人物和事迹时，绝大多数都会回答——"三国"。

三国在几千年中国有文字可记的历史长河中，不过占了区区的九十多年（自黄巾起义至吴孙皓灭亡为止），是很短暂的一段。为什么诸色人等对这段历史竟是如此熟悉，又如此感兴趣呢？

这当然得归功于宋元以来的小说家、戏剧家和说书艺人，若不是他们孜孜不倦、历久不衰地大力宣扬，三国故事和人物是无法深入民间，贯通上下，直到如此普及的程度的。

然而，普及是一回事，求真求实又是另一回事。三国这段历史固然是普及了，但一般人所接受的，果真是"真人真事"

吗？其中有多少是真，又有多少是假；有多少是半真半假，又有多少事情是纯属"子虚乌有"？这个问题实在复杂。

　　谁都知道三国故事之深入人心，最起作用的是《三国演义》。而在此书之前，既已出现元人的杂剧，又已出现元人刊印的《三国志平话》，然后由罗贯中去粗取精，补充修改，成为《三国志通俗演义》。此书在明代盛行近三百年，到清代初年，再由毛宗岗刻意加工，才成为由清代到现在广为流行的《三国演义》（毛氏把罗贯中的古本称为"俗本"，那是带有自我标榜性质，且不说它）。但不论罗氏的还是毛氏的，演义毕竟是演义，既有作者自己的写作目的，又有自己的个人爱憎，也有相沿的世俗见解，还有少不了的艺术加工。这样一来，人物面貌不同了，故事情节也改变了。于是就出现了所谓"真假三国"的问题。

真三国和假三国之混淆

　　本来既是小说，便无所谓真假。谁去追究《西游记》的孙大圣故事是真有假有？但《三国演义》却是例外。因为它是属于"演史"，其中很多情节都是史实，人物绝大多数都是实有。正如史学家章学诚说：此书"七分实事，三分虚构"。然而，哪些是实事，哪些是虚构，却又混淆不清。于是许多假的情节，甚至人物，往往使人误认为实有其事。不特没有去读史书的一般老百姓是如此，便是能文善诗的知识分子，有时也以假为真，把它当做史实来吟咏。

　　袁枚《随园诗话》卷五云：

崔念陵进士诗才极佳。惜有五古一篇,责关公华容道上放曹操一事。此小说演义语也,何可入诗?何屺瞻作札,有"生瑜生亮"之语,被毛西河诮其无稽,终身惭悔。某孝廉作关庙对联,竟有用"秉烛达旦"者,俚俗乃尔,人可不学耶?

王应奎《柳南续笔》云:

"既生瑜,何生亮"二语,出《三国演义》,实正史所无也。而王阮亭《古诗选凡例》,尤悔庵《沧浪亭诗序》,并袭用之。以二公之博雅,且犹不免此误;今之临文者可不慎欤!

翟颢《通俗编》卷三十七又云:

《后汉书·郡国志》:"汉寿城,属荆州武陵郡。"《三国志·关羽传》:"解白马之围,曹公即表封为汉寿亭侯。"《梅花渡异林》:"史称费祎屯汉寿,遇害。唐诗亦曰:汉寿城边春草生。是汉寿者,封邑,亭侯,其爵也。"《明会典》只称关壮缪为寿亭侯,去汉字,而以"寿亭"为封邑,误矣。

可见自从《三国演义》出现以后,既读正史也读演义的读书人,便把"真假三国"搅成一团。这种风气以晚明尤甚。晚明许多读书人都喜欢读小说,袁中郎、李卓吾、金圣叹就是代表人物，他们推崇《水浒》《三国》，认为可与《离骚》《庄子》《史记》媲美，一时文坛风气为之转移。诗文中混入《三国演义》情节，也无人引以为怪，清初多少还保留这种习气。但是清代是复古风气很浓的朝代。梁启超曾说："清人嗜古如狂。"对于元明小说，排斥甚严，不但诗文中混入《演义》的话受到指责，便是朋友来往书信中、庙宇对联中偶然涉及，也被认为"不学无术"，梁章钜的《楹联丛话》，一再指摘关帝庙的对联"习用《三国演义》语，殊不雅驯"，就是一例。所以关于"真假三国"在清代竟变成了尖锐的问题。雍正年间，有个姓札的满洲官员，在奏疏中用了孔明挥泪斩马谡的话，雍正皇帝怒他不应当以小说中语入奏（按，《三国志》只说"谡下狱物故"，是死在狱中），责打四十棍，枷号示众。皇帝既然"真假分明"，臣下自然信奉唯谨。难怪陆继辂说："余深恶演义《三国志》，子弟慎不可读。"简直把《三国演义》视为禁书了。

《三国演义》不应受诗人歧视

其实这种风气，是贵古贱近的心理作怪。用小说、神话作为典故入诗，早就古已有之。例如"精卫衔石""夸父逐日""嫦娥奔月""刑天舞干戚"等等，何尝不是从小说、神话中来，诗人惯用的西王母、王子乔、萼绿华、董双成等仙人故事，无一不是出于小说；甚至唐人的小说，如裴航、柳毅、聂隐娘、红线、昆仑奴和李靖行雨之类，都非史实，而诗人运用，盈篇累牍，何尝有人指摘。便是历史人物，也一向有真假之分。在汉代，东方朔实有其人，却加上是岁星下凡的神话；汉武帝求仙毫无结果,而传说他会见了西王母;更有杨贵妃成仙,临邛道士找到她的故事,白居易写入《长恨歌》中,千古流传,脍炙人口。这些小说家言,从不受人指摘,为什么一用《三国演义》就要被人讥讽呢?

我倒以为,按照诗人的一向习惯,把宋元以来的演义、小说作为典故入诗,乃是增添诗家材料的好办法。打破不合情理的禁锢,如今是时候了。

当然,即使如此,"真假三国"的问题依然是存在的。历史上,鞭督邮的仍然是刘备;斩华雄的仍旧是孙坚;关云长并没有在华容道上放走曹操;周瑜毫不小气,也不是给人气死;鲁肃为人更不是那么糊里糊涂;至于潘璋之死不是由于关公显圣;吕蒙更非关公索命而亡;"七擒孟获"中许多神怪表演,全是空中楼阁。这些都可一望而知。可是,也有并非可以一望而知的。比方说,关云长保护嫂嫂,秉烛达旦,有无其事呢?过五关,斩六将,有无其事呢?"三英战吕布",有无其事呢?孔明火烧葫芦谷,有无其事呢?周瑜死时叹一声"既生瑜,何生亮",有无其事呢?徐庶在赤壁之战中出现,有无其事呢?庞统提出连环船的主张,有无其事呢?徐母掷砚打曹操,有无其事呢?夏侯霸做了姜维的助手,终被乱箭射死,有无其事呢……太多了,都不是可以一望而知的,又怎能怪"挥泪斩马谡"被人认作历史事实!

《三国志》同样也有假

话又说回来,那些所谓"正史",难道就都完全忠于事实,并无隐匿,并无虚构?就拿陈寿的《三国志》来说,不少史学家称之为"良史",果真是良史吗?别的不说,请看他写的《华歆传》。

陈寿记载华歆的行事可谓详细了。说他平日"议论持平,终不毁伤人"。好一个谦谦君子。又说他出任豫章太守时,"为政清静不烦,吏民感而爱之"。又说他官居司徒时,把俸禄分赐亲戚故人,自己却安于贫素。更说他举荐老友管宁,后来还"称病乞退,让位于宁",因曹丕不许而罢……人们看了《三国志》,真以为此人好得不得了。

单有一件事《三国志》只字不载,那是在曹操杀伏皇后时,华歆做他第一个帮凶的事。《后汉书·伏皇后传》载:"(操)又以尚书令华歆为郗虑副,勒兵入宫收后。(后)闭户藏壁中,歆就牵后出。时帝在外殿,引(郗)虑于坐。后披发、徒跣、行泣过,诀曰:'不能复相活耶?'帝曰:'我亦不知命在何时。'顾谓虑曰:'郗公,天下宁有是耶?'遂将后下暴室,以幽崩。"(此系据《曹瞒传》,但略有出入。)

杀伏皇后,又杀伏后所生二子,又杀伏氏宗族百余人,这是震动全国的大事。刘备此时正在成都,闻讯之后,即为伏皇后发丧。可见华歆此举之伤天害理。可就是这件大事,《华歆传》中只字不载,好像完全不关华歆的事;就连《武帝纪》,虽写了伏皇后"被废黜死",依然不着华歆一字。这能说陈寿是"良史",《三国志》的记载都可靠吗?

《晋书·陈寿传》揭发陈寿说:"丁仪、丁廙有盛名于魏,(陈)寿谓其子曰:'可觅千斛米见与,当为尊公作佳传。'丁不与之,竟不为立传。"《晋书》又指出,陈寿的父亲因罪被诸葛亮加刑,于是陈寿就诋毁诸葛亮,说他"应变将略非其所长"。

又因诸葛瞻以事处分过陈寿，陈寿便在书中讥讽诸葛瞻，说他只懂写字，名过其实，邓艾入蜀时，他徘徊不决。就是这样一个人写的《三国志》，却列入正史，被称为记载翔实，岂不大为可笑！我们常说小说家善于作假，其实那些所谓史家，如陈寿之流，难道就不作假？《三国志》如果少了裴松之所添的许多注解，真不知是第几流的秽史哩！

真真假假，也不是可以"一刀切"的。谁以为陈寿的《三国志》都真，准定会大上其当。

《三国演义》有其真实性

小说是一种艺术创作，当然不同于史书，但又何尝没有它真的一面。拿《水浒传》来说，除了《宋史》记载的几十个字，其他情节可以说都是假的；可是，它不是很典型地描绘出北宋末年的社会面貌吗！大官僚的作威作福，残害忠良；衙内们的荒淫无耻，强横不法；文官欺压武官，乡绅欺凌百姓，乃至小小的解差都可以随便处死囚犯，等等，难道不是实实在在反映了当时的现实，比干巴巴的《宋史》显得血肉充盈，鲜明有力？说到《三国演义》那"三分虚构"的部分，也一样有它真实的一面。曹操这个人物，便是集中了历史上奸险狡诈而又有相当才能的统治者的本质而创造出来的典型，可说是非常之真。孔明的智慧，虽然带上理想的色彩，也是集中了的典型。此外如关羽的义气，张飞的粗豪，周瑜的褊狭，鲁肃的持重，乃至吕布的翻覆无常，董卓的残暴，陈宫的耿直，蒋干的酸腐可笑……都个个有其作为代表的意义，都应该说是真实的，只不过这些形象都带有集中性,和历史上的原型不完全相同罢了。

再说历史事件吧,难道只有史书上写的才是真,小说写的就是假?我们可以举"赤壁之战"来做例子。《三国志》写此战经过,简略得很,其中许多细节没有交待清楚,还加上失败者和史官们的掩饰和歪曲(例如曹操说:"赤壁之役,值有疾病,孤烧船自退,横使周瑜虚获此名。"),你能说史书上的记载便百分之百真实?试看《三国演义》描写赤壁之战,从曹操发出威胁信开始,便写孙权的疑虑,文臣如张昭等纷纷主张投降,武将如程普等愤慨主战,以及周瑜的坚决镇定,鲁肃的力主联盟,孔明驳倒投降派,孙权才下了决心,凡此种种不同反应,岂不是十分真实地写出应有的现实?随着孔明过江协助,孙刘巩固联盟,曹军先锋受挫,退守江北;僵持一阵,然后又是蒋干过江游说,周瑜将计就计,再又是黄盖用苦肉计,阚泽献诈降书,庞统授连环船之策;而曹操方面,志得意满,临江赋诗,还杀了人。一方面是用尽智谋,力抗强敌,一方面是骄傲自大,丧失警惕。于是诸葛孔明借来一场东风,周瑜放出一把大火,曹操便兵败如山倒了。

你说,有些细节并非如此。有些人物并未在场,这当然是对的;但是从整个战争来看,岂不分明写出了"骄兵必败,哀兵必胜"的道理吗?它又是何等的真实啊!

由此可知,即使是被封为"正史"的史籍,也是真中有不少假;而被贬为稗官的小说,在假中也有许多的真。要这样去读这些书,才不至于在真假之中感到茫然失措。

经济界研究《三国演义》之热潮

近年,国内外还出现了些新事,日本的实业家中的有识之士,兴起了一股研究《三国演义》之风。他们研究《三国演义》却不是为了欣赏它的艺术技巧,或动人的故事,而是从中学习"商战之道"。他们认为,《三国演义》一书,集中许多智慧,本来就像一部"锦囊大全",其中许多事件的叙述,都可以在工商业的经营管理中加以灵活地运用。如各种人才的发掘、搜罗、培养、使用,各种信息、情报的收集、处理、分析、利用;在市场竞争中,面对强大对手,如何进行掩护、埋伏、突击、制胜;在形势突变时,如何巧妙地应急处理;在企业管理上,如何保持旺盛士气,如何严肃纪律;在使用员工中,如何发挥其长,避免其短,如此等等,《三国演义》都有大量值得借鉴,大有启发作用的例子。因而他们正以高度的兴趣,钻研此书,正如他们努力研究《孙子兵法》,以求在商战中争取优势一样。据报道,已发表的专著有城野宏的《三国的人际关系学》、狩野直祯的《三国的智慧》等。日本经济月刊《愿望》还编了《三国——商业学的宝库》专辑。专家们撰文说:《三国演义》对如何分析形势,调动有利因素,战胜对手,壮大自己,有许多好办法,很值得研究和应用。一位教授指出:松下幸之助就是因为善于运用诸葛亮的谋略,而使松下电器公司成为世界大企业。诸葛亮的智谋,已给日本企业提供了生动的经营教材。社会工业研究所所长牛尾治朗说:无论在国际或国内,日本企业要增强竞争能力,就得学习和应用《三国演义》。

在中国,广东省历史研究会也已有人写出了《三国演义与现代企业经营》的专文,目的如出一辙。在"真三国"与"假三国"之间,《三国演义》比之《三国志》更有实用价值,其所起的作用,已大大超出文艺范畴之外,更不须说清兵入关前满洲将军把此书视为兵书战策,李自成、洪秀全等首领以之作为军中锦囊了。

由此看来,三国人物和事迹之真真假假,假假真真,确乎是可以探讨的,而且探讨起来又是相当有趣的。有心人士确乎可以花一番力量,着意深入研究,写成一本皇皇巨著,那价值是不在《三国人物论》或《三国史话》之下的。

现在回到本书来。笔者虽然揭出"真假三国"的问题,说得那么郑重,但本书却只是随随便便地聊聊这个问题,并非什么巨著鸿篇。不过,也不敢说它就一无可观。过分谦虚,容易引起误会。不如请看下面的吧。

略说罗贯中

罗贯中是个大家都知道的著名小说家。他生活在元末明初之际,传说是《水浒传》作者施耐庵的学生。《水浒传》也是经过他编定的。他的著作有《隋唐志传》《三遂平妖传》《残唐五代史演传》和《三国志通俗演义》,而以后者最为著名。他又是个戏剧家,写过杂剧《宋太祖龙虎风云会》,可知罗贯中对于小说、戏剧都是颇有研究,也能创作的。

罗贯中不像一般的民间艺人。一般民间艺人,大抵通晓民间故事传说的多,能读历史书籍的少。罗贯中却不然,他既熟悉民间,又知史传,是个博览群书,通古知今的人物。所以他的《三国志通俗演义》独树一帜,不同凡响,数百年来一直为广大读者所喜爱。

首先是,他把当时在民间流传的三国故事(包括说书人口述的,舞台上表演的,以及刊印成书的)尽可能收集起来,然后分别情况,酌量去取。凡是他认为可以吸收的,便吸收过来;只能取其一枝一节的,便取其一枝一节;凡是他认为不合情理、过于荒诞的,就摒弃不取;认为还可以改造的,就加以改造。可以说,他是用自己的眼光,把几乎所有他能看到的民间三国故事，都拿来研究一番，筛选一番，作为他创作《三国志通俗演义》的材料。

其次，他又把史书上有关三国时代的史实大致上都收集研究过。那本陈寿写的《三国志》自不用说，连其中别人的附注也不肯放过。此外还有《华阳国志》《世说新语》《后汉书》《晋书》等史籍，他认为能用的，他都尽量加以利用；能纠正民间故事中不合理、不准确的情节的，他又斟酌情况，用史书上的材料加以代替；至于史书中虽有史料价值但却用不上的材料，他就坚决加以摒弃，而不是大小不遗，以多为贵。

民间传说同史书的记载如果分歧很大，或完全不同时，他又从艺术的角度来斟酌取舍。有些是按照史书来改正民间传说，有些又用民间传说来代替史书的记载。他对于传说和史实，同样重视，没有此轻彼重的成见，而是看它是否在塑造人物、丰富情节方面用得上。

他对魏、蜀、吴三国自有一套顺逆是非的看法。他认为刘备的蜀国应该是合法继承汉朝的，是正统的；而魏、吴两国不过是僭位和篡窃。基于这种认识，他在人物塑造、故事演述和材料取舍方面就自有一套体例。例如对于曹操，要突出他的奸诈虚伪和用心险恶，同时又不抹杀他的机智和用兵的本领；对于刘备，便处处强调他是汉室宗亲，继承汉室有合法地位，强调他的忠厚爱民，待人厚道义气，等等。对于魏、蜀、吴的将领，主要是突出诸葛孔明的智慧，关、张等五虎将的英勇，周瑜的气量狭隘、妒才忌能，鲁肃的老实，吕蒙的奸险。对于曹操手下文武人才，也个个按着艺术要求，加以塑造，应肯定的，还是肯定；应贬责的，便加贬责。他不讳言蜀国的失败以至于灭亡,但尊蜀贬魏,却是一根主线,贯彻始终。

罗贯中生活在元末明初之际,他看到蒙古贵族统治者的专横残暴,饱受了民族压迫的苦痛,所以他尊崇继承汉室的刘备,是有政治用意的;何况自南宋以来,民间艺人的倾向就是尊蜀抑魏,他也不能不受到影响。处在他的时代,他的这种倾向是很自然的,也无须加以指摘。

罗贯中的思想中,自然也有落后的一面。相信宿命,描写神怪,虽然并未在《三国志通俗演义》里占主要的篇幅,但是也不时出现,像诸葛亮的"陇上装神""禳星求寿",关羽死后的显圣索命、显灵救子,以及见星坠而知大将死亡,临死前而妖异屡见之类,这些迷信的描写未免使此书略为减色。但我们知道,民间三国故事里的神怪,比《三国志通俗演义》更多,罗贯中已有意识地删除不少。所以我们也无须苛责这位生于六百多年前的艺人。

罗贯中的艺术手法确实是高明的,他在许多纷繁杂乱、精粗各异的材料中,细心选择,认真整理,凭着他的艺术才能,重新塑造了许多正面反面的人物形象,个性鲜明,栩栩如生;还有许多故事情节,如此曲折生动,使人读了久久不能忘怀;而更使人赞叹的,是其中有许多战例,简直可与历史上的兵书战策比美。历史上还没有任何一本小说,在这方面可以赶得上它。这是《三国志通俗演义》的又一种价值。

对于这部名著的巧妙构成和艺术特色,笔者将在以后的漫谈中具体加以分析。这里只是先来作个简略的介绍。

不寻常的开篇——桃园结义

《三国演义》第一回,刘、关、张首先出场。

一个是卖草鞋织草席的贫家子弟,一个是开酒店卖猪肉的商贩,一个又是闯荡江湖的流浪汉。他们都是社会上的下层人物。

于是,聚集在看台下面的观众或听众,都很高兴了。他们看到这三个人的身分[1]同自己相差不远,都是下层社会出身,而又都是有本领的英雄。

故事开展,是"宴桃园豪杰三结义",他们又感到很亲切。

封建社会的下层民众,有句老话,道是"在家靠父母,出外靠朋友"。因为谋生计也好,图发迹也好,他们都不能不依靠朋友的帮助。他们享受不到"封荫制度",不像公子王孙一生下来就有个当官袭爵的资格。他们要凭双手去奋斗。但是个人力量孤单,为了闯荡江湖,就要交结朋友。朋友固好,却总不及兄弟的亲密,于是就自然产生了所谓"金兰结义",又叫"拜把子",把朋友的关系拉近一大步。

---

[1] 身分,同"身份"。编者注。

宴桃园豪杰三结义

次日，于桃园中，备下乌牛白马祭礼等项，三人焚香再拜而说誓曰："念刘备、关羽、张飞，虽然异姓，既结为兄弟，则同心协力，救困扶危；上报国家，下安黎庶；不求同年同月同日生，只愿同年同月同日死。皇天后土，实鉴此心。背义忘恩，天人共戮！"[1]

---

[1] 全书插图均出自《精镌合刻三国水浒全传》，明末雄飞馆刊本。

在旧社会,结义是很普遍的现象,有它的客观原因,而且那起源也甚早。秦末农民大起义时,刘邦和项羽就是在反秦战争中结为兄弟的。北齐时,王绍信同大富人钟长命结为义兄弟,见于《北齐书》。南齐颜之推《颜氏家训》说:"四海之人,结为兄弟,亦何容易。必有志均义敌,令终如始者,方可议之。……比见北人,甚轻此节,行路相逢,便定昆季,望年观貌,不择是非,至有结父为兄,托子为弟者。"可见南北朝时的社会风气。《南史》载宋明帝与苏侯神像结为兄弟,以求福助,更是怪事了。大抵越是处境不利,急需帮助的人,就越要结些义兄弟,这些人又以下层百姓为多。《三国演义》的作者(更早的是说书人)深知群众心理,有意把刘、关、张的君臣关系变成兄弟关系。从此,"桃园结义"便成为佳话深入民间。

这是民间艺人对三国历史的第一个改造。

史书里本来只有这样的几句话:"先主(刘备)与二人(指关羽、张飞)寝则同床,恩若兄弟。而稠人广坐,侍立终日,随先主周旋,不避艰险。"[1]不过说他们的关系亲密到像兄弟一般,自然并无结义的事。至于"寝则同床",也并不等于便是兄弟。刘备投靠袁绍时,关、张失散,只和赵云在一起,也是"与云同床眠卧"[2],何尝又不是"恩若兄弟"。大抵刘备为人,是很重友情的,所以也能得朋友或部下的死力。这确是他能够以一个"贩履织席小儿"而卒于成"帝王之业"的原因之一。

不过民间艺人也有他们的庸俗的一面。

---

[1] 见《三国志·关羽传》。
[2] 见《三国志·赵云传》注引《赵云别传》。

元人杂剧有一出叫《桃园结义》，先写张飞开了一间肉店，故意在地上放了一把屠刀，用千斤大石压住，吩咐庄家：有谁能搬开石头拿出刀子，就切肉送他，不取分文。恰值关羽路经此处，搬开大石，取出屠刀，却不受赠送的肉。事后张飞知道，寻到关羽所住的招商店，与他结拜成为兄弟。过了不久，关、张二人同游街市，看见一人"耳垂过肩，手垂过膝，隆准龙颜，实为贵相"，便请他到酒店喝酒。原来此人正是刘备。关、张二人频频劝酒，刘备大醉，伏在桌上睡着，只见此时出现了怪事：

> 关羽："兄弟，你见么？他侧卧着，面目口中钻出条赤练蛇儿，望他鼻中去了。呀呀呀！眼内钻出来，入他耳中去了。兄弟也！你不知道，这是蛇钻七窍，此人之福，将来必贵也。等他睡醒时，不问年纪大小，拜他为兄，你意下如何？"

原来关、张二人同刘备拜把子，只是看到他"蛇钻七窍"，是个福相，将来必成贵人。这就未免把这场"结义"弄得庸俗化了。

但还有奇怪的一层：这个杂剧一再强调"不问年纪大小"。先是由关羽说："不问年纪大小，拜你为兄。""哥哥，您兄弟拜德不拜寿也。"再又由张飞唱："俺虽是孤穷无德，寿年高，你须是枝叶名门不轻薄。"照此看来，关、张二人的年纪竟都比刘备为大了。只因为刘备是汉室宗亲，关、张是屠狗之辈，才认刘备为兄。看来，宋元之间，民间的结拜兄弟，不少就已经是只问财富地位,不论年龄大小的了。

民国初年出版的一本《小说丛考》,其中有一段说:"刘、关、张桃园结义,人固知其刘备为兄,关、张为弟也。殊不知论其年龄,关羽实长刘备一岁,张飞则少刘备四岁。其认刘备为兄者,盖备于此时身无尺土,关、张虽得其主,未能定君臣之分,故且认之为兄,其意实已君之也。"

《关公年谱》认为关羽比刘备大一岁,不知是何根据;但却与杂剧《桃园结义》不谋而合,则是很有趣的。[1]

罗贯中到底比民间艺人高明一筹,他的《三国演义》,写结义的目的,是在于"破贼安民,共举大事",把"蛇钻七窍"的神话一笔删掉。至于年纪,却又含糊地说:"誓毕,拜玄德为兄,关羽次之,张飞为弟。"根本不说谁的年纪大。他知道民间固然有"拜德不拜寿"的习惯,但是放到刘、关、张身上,又未免有点庸俗,还是含糊一些为好。这却把许多读者都瞒过去了。

---

[1] 《三国志》没有具体提及关、张的年纪。

英雄也要问出处——关云长的出身

被人尊为"忠义仁勇神圣大帝"的关羽,乃是河东郡解县人(解县旧城在今山西省临猗西南)。但是他的出身,早已没有人知道。最早记载他的事迹的是《三国志》。《三国志》说:"关羽字云长,本字长生,河东解人也。亡命奔涿郡(今河北省涿县[1])。"他是因犯了事逃到涿郡,在刘备的家乡见到刘备,从此就追随刘备东征西讨的。至于他出身是贫是富,因何犯事逃亡,就没有记载了。

关羽的出身如何,本是一件小事。但是自从后代尊崇他为忠义之神,小事也就变成大事,许多人就要关心打听了。然而事隔久远,史料缺乏,谁也不知道,结果就让小说家出来进行创造。

宋代是三国故事大为流行的时代,许多史书上没有的故事情节,都是在这时候陆续出现的。关羽的故事自然也通过说书人的口中创造了不少。

从现存最早的平话小说《三国志平话》来看,关羽是个读

---

[1] 涿县即今涿州市。编者注。

书人家出身。此书写道：

> 话说一人，姓关名羽，字云长，乃平阳莆州解良人也（按：莆州应作蒲州，解良应作解梁）。生得神眉凤目，虬髯，面如紫玉，身长九尺二寸，喜看《春秋·左传》。观乱臣贼子传，便生怒恶。因本县官员贪财好贿，酷害黎民，将县令杀了，亡命逃遁，前往涿郡。

书中说的"喜看《春秋·左传》"，乃是从《三国志·关羽传》注引《江表传》搬过来的。这不算小说家的杜撰。至于杀了贪赃的县令，那就是想像之词了。

到了元人写的杂剧《刘关张桃园三结义》，这个杀官的故事又得到了发展。

这个杂剧说，关羽"曾把黄公三略读（传说黄石公有三卷兵书，称为《三略》，是在圯桥上传授给张良的），数年久困在乡间"。可见他是熟读兵书的人。杂剧又说，关羽在家乡时，有个州官臧一贵（赃一柜的谐音），想趁天下大乱之时，也起兵作反，自称一路诸侯。闻说关羽武艺过人，便命人请关羽前来，共商大事。关羽到了州衙，听说臧一贵要起兵反叛，心中愤怒，一剑把臧官杀死，逃走出来，到了涿州。

在这里，杂剧艺人又把关羽的形象进一步拔高，说他的杀官，是为了忠于汉室，诛锄反贼，显得正气凛然了。

罗贯中的《三国志通俗演义》却另有说法。他不说关羽杀死赃官，也不说他杀死臧一贵，仅仅含糊其词地说："因本处豪霸倚势欺人，关某杀之，逃难江湖五六年矣。今闻招募义士破黄巾贼,欲往应募。"

大抵罗贯中以为,州官是朝廷上的命官,关羽是个老百姓,老百姓杀死朝廷命官,颇有"犯上作乱"之嫌,因此就改为杀死地方恶霸。这可见罗贯中为了维护关羽这个神人的完美形象,笔下何其小心。

还有第三个关羽出身的故事,那是另一个民间传说。这个传说记载在清代学者梁章钜的《归田琐记》里。内容是这样:

> 蒲州解梁关公本不姓关,少时力最猛,不可检束,父母怒而闭之后园空室。一夕,启窗越出,闻墙东有女子啼哭甚悲,有老人相向而哭。怪而排墙询之。老者诉云:我女已受聘,而本县舅爷闻女有色,欲娶为妾。我诉之尹,反受叱骂,以此相泣。公闻大怒,仗剑径往县署,杀尹并其舅而逃。至潼关,闻关门图形捕之甚急,伏于水旁,掬水洗面,自照其形,颜色变苍赤,不复认识,挺身至关,关主诘问,随口指关为姓,后遂不易。

这个故事可注意之点,就是关羽本不姓关。那是从来未见记载的。

这个故事又说,关公——

> 东行至涿州,张翼德在州卖肉,其卖止于午,午后即将所存肉下悬井中,举五百斤大石掩其上,曰:能举此石者与之肉。公适至,举石轻如弹丸,携肉而行。张追及,与

之角力,相敌莫能解,而刘玄德卖草履亦至,从而御止。

三人共谈,意气相投,遂结桃园之盟云云。

这一段叙述,却同元人杂剧《桃园结义》里说的差不多。也许两者是同出一个来源的。

不过,因为关羽的名气越来越大,谥号越封越高,有些封建文人就不满意他的来历不明,硬是想方设法,要找出关羽的祖先来,以便显示这人物的出身有根有据。

下面就是从这种心理产生的一个奇怪的东西:

清代学者宋荦的《筠廊随笔》,有一段记载说,康熙十七年,解州有人在塔庙附近发现了关羽祖先的墓砖,说关羽祖父名审,字问之;父亲名毅,字道远。于延熹三年(公元160年)生羽,娶妻胡氏,生子平。这明明是凭空捏造,毫无根据的。这块墓砖其实谁都没有见过。

一个人名气大了,就有许多莫名其妙的附会。关羽不过是个小小的例子。

天下第一条好汉——张飞

小说家笔下的"五虎将",在史学家的笔下,却是关、张两员猛将。

《三国志·程昱传》载程昱的话说:"刘备有英名,关羽、张飞皆万人敌也。"《周瑜传》载周瑜上表孙权说:"刘备以枭雄之姿,而有关羽、张飞熊虎之将,必非久屈为人用者。"史官陈寿也称赞道:"关羽、张飞皆称万人之敌,为世虎臣。"可见当时的看法是一致的。

关羽死后,被捧为神,前已说过。张飞死后,也仍然被人看作是武将的代表人物。

《晋书·刘遐传》:"刘遐……每击贼,率壮士陷坚摧锋,冀方(河北)比之张飞、关羽。"

《宋书·檀道济传》:"薛彤、高进之,并道济腹心,有勇力,时以比张飞、关羽。"

《魏书·杨大眼传》:"杨大眼……当世推其骁果,皆以为关、张弗之过也。"

不须一一列举,单从上引数例,也可见关、张的威名,数百年后仍是"凛凛如生"了。

小说家有所谓"第一条好汉"的说法：

李元霸是隋末第一条好汉,天下无敌。他是触怒了雷神才死的。此事见于《说唐》。

三国时代又是哪个人属于第一条好汉呢?在艺人们的笔下,这顶桂冠就戴在张飞头上。

宋元的平话和杂剧是这样去描画张飞的：

他勇猛无比。不要说许褚之流不是他对手,古城会一场,赵云便败在他手下,连吕布也杀得大败亏输(杂剧《单战吕布》)。后来吕布围困小沛,张飞三番出城请救兵,三次冲营,直把吕布杀得不敢正目而视,只好吩咐小校："将征旗遮住我面皮,俺往左手下过去,让他右手出阵去吧(杂剧《三出小沛》)。"

他又足智多谋。袭取黄巾张角大本营杏林庄,是他献的计;擒拿张角、张宝、张表也是他的奇谋(杂剧《杏林庄》)。至于智取瓦口隘,计捉严颜,人所共知,不在话下。

此人又是一条莽汉。鞭督邮还算小事,居然可以随便杀死定州太守,还把袁术的太子袁襄生生摔死(《三国志平话》),这就莽得不太正常了。

宋元艺人的浪漫主义往往会过火。因为在说书或演出中,不妨随意加插热闹的情节,你加一段,他也加一段,合起来时,就超出于一般浪漫之外。

于是罗贯中出来补偏救弊了。删去单战吕布而保留三战吕布,删去杀太守而保留鞭督邮,删去智擒黄巾而保留智败张郃,而又把正史中的事实补充进去,于是张飞的勇猛、豪爽而又细心,都能曲曲传出,宛然像个历史上的真实人物。

在《三国演义》里,张飞没有成为三国第一条好汉,他不会单独战败吕布,同马超也只杀过平手。这反而给读者以真实感。不过,《三国演义》也透漏了一句,那是在关羽斩颜良之后,对曹操说:"某何足道哉!吾弟张翼德于百万军中取上将之头,如探囊取物耳。"这话出于《三国志平话》,原是把张飞作为第一条好汉来夸张的。

张飞是罗贯中塑造得最成功的人物之一。"生张飞"一词,屡见于后世对猛将的赞誉中,自是不为无因。

最近听一个朋友说,海丰县有一种大戏,过去一向是专演三国故事的。这个剧种的三国戏,又以表现张飞为主,张飞的故事占了剧目里的大部分,而且内容多是抑关羽而表彰张飞。其中《古城会》这个戏,描写张飞义愤填膺,痛斥关羽投降曹操的唱词,尤其动人。在戏剧的影响下,人们还把美男子的脸型称为"张飞脸",认为能像张飞那样的大眼方脸,虎虎有威的,正是标准的美男。又据说,湖南耒阳县有一种酒称为"胡子酒",酒味很淡,甚至淡于啤酒。民间传说,也是来源于张飞。因为张飞非常爱酒,喝得很多,人们不让张飞喝得烂醉,就造出这种淡酒云云。这些民间传说和习俗,是很有趣的。

"独破黄巾"——张飞的传奇

自从《三国演义》在群众中广为流行以来,许多原来出自民间或说书人讲说的三国故事,绝大多数都失传了。它们的失传自然有种种原因。有些是因为已被《三国演义》所吸收,无法独立存在;有些因故事情节过于荒诞而受到扬弃;也有些是由于人为的原因而毁灭。其中也有偶然幸运的,例如在明末,臧晋叔选《元曲选》一百种时被抛弃的十几种三国戏曲故事,就由于有其他印本或抄本收录了而保存下来。这些幸存的三国故事,多数是《三国演义》所不取,或与《三国演义》内容不尽相同的。它们的艺术价值也高下不一,但毕竟都是有用的材料。我们可以从中看到元代或宋代的民间艺人,怎样处理故事和塑造人物。即便情节离奇,内容怪诞,也可借此看出时代的风尚和观众的趣味,对于我们理解古代,仍然不无好处。

如今就先来介绍张飞自桃园结义以后,怎样"破黄巾"的故事。这故事被《三国演义》作者认为荒唐而摒弃了。

故事是这样说的(笔者在文字上重新整理):

当黄巾起义时,攻城占地,声威很大。刘、关、张三人正在涿郡招兵买马。忽一日,探子来报,黄巾大队要来侵犯幽州,刘备接受燕主(这个燕主,大抵就是幽州刺史郭勋)派遣,挂了先锋印。探得黄巾人马集中在兖州昔庆府,共五十万。离兖州三十里的杏林庄,有两个头目,一名张宝,一名张表,亦有兵二十万。刘备听了,便带领本部三千五百军,直到任城县下寨。此时元帅燕主接得皇帝诏书。诏书说,黄巾如愿降者,前罪均可赦免。燕主叫刘备持诏书招安黄巾。刘备问众人,谁敢持诏书进入杏林庄招安?张飞应声愿往。当下张飞一人一骑,来到杏林庄,直冲而入,把门军卒拦挡不住。到了中军帐前,立马横枪,看见帐内坐着五十余人,中间一人,正是张表;帐下五百军卒,擎枪而立。张表忽见一个大汉闯来,便问:"你莫非是探马?"张飞应道:"我乃汉元帅手下先锋军内一卒,有皇帝圣旨,招安你们。若还投降,死罪可免,如若抗拒,尽皆诛戮。"张表听了大怒,呼左右把他拿下。张飞舞动手中长矛,众军不能向前。张飞在寨内纵横驰骤,无人能敌,军士惊慌发喊,一时大乱。正在此时,小卒来报,有汉先锋军分为六队,已夺门入寨。张表大惊,慌忙弃庄奔走。刘备领兵占了杏林庄,迎接元帅到寨,犒赏众军。

随后打探得张表逃到兖州,与张宝合兵一处。元帅问:"谁去收复兖州?"刘备愿往。当下带领人马,直到兖州城外,只见城墙高峻,守卫严密。刘备又问:"谁去招安张表、张宝?"张飞应声而出,只邀了十三个马军,来到城下,叫城上答话。张表认得张飞,对张宝道:"此人在杏林庄如此如此，不可开城。"二将坚守不出，任凭张飞叫骂，只不出战。张飞忽然心生一计，对众军道："俺众军鞍不离马，甲不离身，枕弓沙印月，卧甲地生鳞，连场恶战，这般辛苦。今日就着壕堑之前，柳阴之下，卸甲洗马，好好歇息一番。"便命军士人人卸甲，个个洗马。张飞又再指着城上，高声痛骂。城上张表、张宝看了，商议着道：趁此机会，杀出城去，生擒张飞。当下张表领了五千人马，开城冲出。张飞与十三骑慌忙投南而走。张表奋勇追赶，赶了四十余里，忽见大队人马迎来，为首一人，手持双股剑，正是刘备。张表迎上交战二十余合，忽有简献和从旁杀出，一阵混战，张表大败，向后便退。正走之间，林子里冲出一员大将，却是关云长。张表不敢迎战，夺路奔向兖州，到得城下，只剩数十骑人马，急叫开门。城上张宝看见，吩咐开城放人。不料张飞早已埋伏壕边柳林之中，乘势撞入城来，杀死守军不计其数。后面刘备大军跟进，一拥而入，夺了兖州。张宝死于乱军之中，只有张表逃向扬州去了。

这便是宋元艺人创造的张飞大破杏林庄，以及洗马赚兖州的故事。这个故事，《三国志平话》和杂剧《杏林庄》的描写大略相同。只是前者文字相当粗率，后者情节更为简略。出场人物，后者的元帅是皇甫嵩，不是燕主，又多了个曹操。而黄巾方面，则以张角为主，张表、张宝为副，历史上的张梁，都改成张表，也不知是何缘故。

黄巾起义是当时一件大事，战争遍及今山西、河北、山东、河南、湖北、安徽、江苏七省。东汉王朝费了九牛二虎之力,才勉强将黄巾军镇压下去。可是说书和编剧的艺人却把"破黄巾"的功劳都归在张飞一人身上,固然距离史实太远,而且单身入寨,无人能敌,也未免过于神奇(其中地理方面的错谬且不去计较)。这个故事,罗贯中在编写《三国志通俗演义》时毅然把它割舍了,也许便是因为它同三国的史实完全违背,假如用上了它,一个人包打了天下,其他的故事就无法安排的缘故。

不过我们由此也可知道,张飞在古代艺人的心目中,确是第一等的英雄,许多故事都是围绕他而开展发生的。他一出场就包揽了"破黄巾",不但历史上镇压黄巾的朱儁、皇甫嵩、曹操之流毫无寸箭之功,连刘备、关羽也成为陪衬人物了。

唐代诗人李商隐有两句诗说:"或谑张飞胡,或笑邓艾吃。"在唐代流行的三国故事中,张飞已是个无人不知的草莽英雄,这就难怪他越来越神奇了。而说书艺人之可爱,也在这些地方表露出来。

张角和"太平道"

东汉末年的黄巾起义,能够在短期之内组织起来,以大火燎原的声势,沉重打击了封建统治者,从根本上动摇了东汉政权,当然是有各种原因的。桓、灵二帝当政时,统治阶级内部进一步堕落腐败,更沉重地压迫剥削百姓,人祸还加上天灾,到处民不聊生,才迫使老百姓不得不起来造反。这是主要的。

但是张角以一个用符咒神水替人治病的道士(东汉末年,瘟疫大流行,死人无算,连贵族和官僚也不能避免。详见另文),却能够发动一场有青、徐、幽、冀、兖、豫、荆、扬八州的人参加,形成横扫中原广大地区的大起义,则是利用"太平道"这个宗教形式进行组织工作的。这是中国历史上第一次以道教外衣为掩护的农民大起义。那么,张角的道教内容又是怎么样的呢?

史书上只说张角奉的是"黄老道"(或"太平道"),自称大贤良师,用符水咒语来治病,还有八个弟子,周行四方,"以善道教化天下,十余年间,众徒数十万。"可是所谓"善道教化"又是什么?史官却故意不去提它。

可幸的是,太平道还有一本《太平经》流存下来,虽然残缺,还可以知道它宣传的是些什么东西。

这本《太平经》又叫《太平清领书》,是于吉传下来的(参见《于吉——一个大有来历的道士》篇)。张角拿来作为教义的便是这本书。

这本书很庞杂,上至宇宙,下至人生,以及书符念咒,趋吉避凶之类,无所不谈。但那里面却有主张平均财富,反对剥削,反对聚敛财物,反对欺凌老弱,反对重男轻女等进步的思想,这是符合老百姓的愿望的。当时许多人信奉它,这也是个重要的原因。

《太平经》说:"积财亿万,不肯救穷周急,使人饥寒而死,罪不除也。"它指出富家聚敛金钱,藏于幽室,是"与天为怨,与地为咎,与人为大仇,百神憎之"。还骂他们是大米仓里的老鼠,独占许多粮食。这是很有针对性的话。

书里又指出人人都应劳动得食:"天生人,幸使其人人自有筋力,可以衣食者。"还应该互通有无:"见人穷厄,假贷与之,不责费息。""人有财相通。"

《太平经》又发挥了平等思想,指出"或多智反欺不足者,或力强反欺弱者,或后生反欺老者,皆为逆"。理由也很简单:"智者当苞养愚者,反欺之,一逆也;力强当养力弱者,反欺之,二逆也;后生者当养老者,反欺之,三逆也。"

它又提出人们应该互相亲爱帮助:"诸神相爱,有知相教,有奇文异策相与见,空缺相荐相保,有小有异言相谏正,有珍奇相遗。"认为这是人们的道德本色。

它还说:"夫男者,乃天之精神也;女者,乃地之精神也……天地之性,人命最重,此贼杀女,深乱王者之治,大咎在此也。"针对当时贱女溺婴的风气,提出警告,也是颇有现实意义的。

此外,书中还反对饮酒(当时酗酒的多是荒淫的统治者),认为是浪费五谷。它主张"敢有无故饮酒一斗者,笞二十……一斛者,杖三百"。但"家有老疾,药酒可通"。

书中还反对"时王者赐人臣以刀兵",说"金"能克木,是不祥之物,王者应该"厌绝不祥"。作者知道统治者拿起刀子,是随时可以杀向老百姓的。

凡此,都可看出这个"太平道"是很有一些有价值的思想的,它能鼓动广大老百姓,自有原因。当然,既是"神道设教",迷信的东西也少不得,此书亦不例外。这里就不去说它了。

张角既然宣传"太平道",统治者就加给他一个"妖言惑众"的罪名,既车裂马元义于洛阳,又穷追"有事(张)角道者",诛杀千余人。统治阶级的刀子亮出来了。张角也就不客气,宣称"苍天已死,黄天当立。岁在甲子,天下大吉"。正式举起义旗,要推翻东汉王朝的统治了。

张角固然很快失败,但徒子徒孙并未绝迹。直到宋代,中原又出现了一个事魔食菜教,此教是以张角为祖师的,入教的人都避讳"角"字(见庄绰裕《鸡肋编》)。这却是镇压黄巾的"群雄"连做梦也想不到的了。

东汉末年的大瘟疫

读《三国演义》的人，都知道后汉、三国时代许多故事，但未必知道这数十年间，出现过连绵不断的大瘟疫，其死亡人数之多，简直无从统计。可惜不论《三国志》还是《三国演义》都没有注意到这件历史性大事。幸而《后汉书·五行志》还留下几行极简略的记载。使人知道除了战争之外，还有一个瘟神同时肆虐。

该书记载从公元119年至217年这百年间的十次大瘟疫：即119年会稽大疫，125年京都大疫，151年京都大疫，九江、庐江大疫，161年大疫，171年大疫，173年大疫，179年大疫，182年大疫，185年大疫，217年大疫。这十次大瘟疫，最集中的是灵帝在位十五年间，共达五次，也正是黄巾大起义前夕，民不聊生的时候，真所谓祸不单行，大疫又兼大兵，中原地区陷入极恐怖的状态。

有个户口增减的数字很可以说明问题：桓帝永寿二年（公元156年）全国户数是一千六百零七万多户，人口是五千万零六万多口，到三国末年，魏、蜀、吴合计，只有户数一百四十九万多户，人口剩下五百六十万二千多口（参见金兆丰《中国通史·食货编》)。即仅存十分之一,这是个何等惊心骇目的数字!

瘟疫的流行,老百姓固然大量死亡,就连有特殊地位的官僚也不能避免。曹丕还未称帝时,写了一封信给吴质,其中说:"昔年疾疫,亲故多罹其灾,徐陈应刘,一时俱逝,痛可言耶!"徐陈应刘就是徐干、陈琳、应玚、刘桢,那时不但这四个人,连有名的王粲、阮瑀[1]都是在一场大瘟疫中死去的,可知是一场弥漫上下阶层的大恐怖。

赤壁之战,大家都知道是一场东风一把大火,把曹操八十三万大军烧得七零八落,大败而退。但是,《三国志》说当时曹操军中大疫,吏士多死者,乃引军还。事后曹操在答孙权的信中,又说:"赤壁之役,值有疾病,孤烧船自退,横使周瑜虚获此名。"这固然是自我解嘲,但若不是真有瘟疫流行,他也无从作为借口的。而曹操败军以后,回到谯县,又说:"自顷以来,军数征行,或遇疫气,吏士死亡不归,家室怨旷,百姓流离。"建安廿三年又下令曰:"去冬天降疫疠,民有凋伤,军兴于外,垦田损少,吾甚忧之。"可见直至献帝末年,瘟神还未收手敛迹哩。

---

[1] 似误。或指"建安七子"阮瑀,他于建安十七年(公元212)死于瘟疫。编者注。

英雄出现与善恶报应

虽然读过《三国演义》，恐怕未必知道在此书出现之前，还有一本叫《三国志平话》的。这本《三国志平话》讲的也是三国英雄故事，但许多情节都和现行的《三国演义》不同。它是宋元之间的讲古佬编出来的，具有浓烈的民间气息，而且文字也相当粗糙。最妙的是，它把三国英雄的出现，归因到佛家的轮回报应上去，带上浓厚的宿命论思想。

此书开头就说，有个司马仲相的人，在阴间做了阴王，判断一件历史公案。事因楚汉相争之时，韩信辅佐刘邦，扫平天下，立了大功，后来刘邦借吕后之手，把他杀死。又有彭越，也是辅助刘邦，立了大功，刘邦也诬他作反，把他斩成肉酱。又有英布，也是立功之官，同样被刘邦害死。这三人如今都来向司马仲相要求伸冤。于是司马仲相把刘邦、吕后传来审问，又由蒯通作证，证明刘邦授意，吕后执行，冤杀了韩信等三人是实。司马仲相将这冤案报上玉皇，玉皇下旨，叫三人瓜分汉家天下。韩信投胎成为曹操，占据中原。彭越投胎成为刘备，占据四川。英布投胎成为孙权，占据江东，三分鼎足。再判刘邦投生为汉献帝，吕后投生为伏皇后，由曹操挟制献帝，杀伏皇后,报了前世之仇。又因刘备手下缺少谋臣,便由蒯通投生琅琊郡,成为诸葛孔明,辅佐刘备。玉皇又下御旨,叫司马仲相在阳间重生,成为司马懿,把魏蜀吴三国一齐消灭,复归一统。

以上就是《三国志平话》开头的轮回报应,可以看出是受到佛家生死轮回迷信的影响,由民间艺人设想出来的。因《三国志平话》现存元代刊本,因此可以断定它是宋元之间的创作。

假如读者对此事还有兴趣,不妨再找那部冯梦龙编的《古今小说》一读。此书第三十一卷有《闹阴司司马貌断狱》一回,同样是说这个故事,但还添了其他细节。如萧何投生为杨修,后被曹操所杀;樊哙投生为张飞;项羽投生为关羽;纪信投生为赵云;戚夫人投生为甘夫人;赵王如意投生为刘阿斗;丁公投生为周瑜;项伯、雍齿投生为颜良、文丑;项羽自刎后把他尸首分为六块的杨喜等人,则再世为守五关的六将,让他们一一死于关云长的刀下。真是体现了"天道昭昭,报应不爽",但它又加了些枝枝叶叶。

当然,如今谁也不会相信这些胡说。但是,这个故事却如实反映了宋元之间老百姓对于"善恶到头终有报"的想法。

罗贯中的妙手——怒鞭督邮另有人

在《三国志》里,怒鞭督邮的人是刘备,不是张飞。《先主传》注引《典略》本来说得很清楚。

此书说,平了黄巾之后,朝廷下一道诏书,凡是因军功派任地方长官的,要看其情况,不合格的就加以淘汰(当时叫沙汰)。督邮来到安喜县,要沙汰刘备。刘备知道了,想去求见,督邮不肯接见。刘备大怒,带一队人马冲入督邮的住地,宣称我奉州官命令,捉拿督邮。于是把督邮捆绑起来,带到郊外,缚在树上,鞭打百余下,还要杀他。督邮苦苦哀求,刘备才释放了他。刘备因此弃官去了。

可是到了小说家(或说话人)手里,这却成了问题。玄德是仁厚之人,他怎么会亲自去鞭打督邮?于是出现了两种处理办法,但又都与张飞有关。

第一种是纯属市井意识的,《三国志平话》就是。它说自平定黄巾以后,刘、关、张三人回到京师,因常侍段珪让向刘备索贿不遂,反为张飞所殴,便半月不给宣见,亏得国舅董承为他奏帝,才得补安喜县尉。不料定州太守有意为难,反将刘备侮辱一番。张飞大怒,乘夜杀了太守,朝廷便命督邮崔廉查

张翼德怒鞭督邮

督邮未及开言,早被张飞揪住头发,扯出馆驿,
直到县前马桩上缚住;
攀下柳条,去督邮两腿上着力鞭打,
一连打折柳条十数枝。

究此事。督邮擅作威福,要擒拿刘备,又被张飞缚于系马桩上,打了一百大棒身死,分尸六段。于是刘、关、张便领了众军往太行山落草为寇去了。

此事荒唐无稽,自然不在话下。但说话人为了突出张飞的戆莽性格,把鞭督邮判在张飞头上,却是有他的艺术考虑的。确实是由张飞动手,比由刘备动手,那艺术效果要好得多。

后来又到了罗贯中的手里。他觉得上面那一大段描写未免贻笑大方,使人无法接受,于是把什么张飞打段珪让,杀死太守,以及分尸六段,到太行山落草等等,全删去了,只保留了张飞怒鞭督邮这一节。

罗贯中不愧是个卓越的文学家。材料到了他手里,该删就删,该留就留。留下民间的张飞鞭督邮,却不理会正史上面的记载,便是他的才华过人之处。

《三国演义》卷首有一篇《读法》,似是毛宗岗所作,认为此书"叙一定之事,无容改易",所以比《水浒》下笔更难。实在说,《三国演义》也在处处改易。如果都照正史来安排,也就不成其为《三国演义》了。

吕布及其赤兔马

吕布是九原(今山西省忻县)人,弓马娴熟,膂力过人,当时便有"飞将"的称号。他起初在并州刺史(并州旧址在今山西省太原市南)丁原辖下做骑都尉,丁原驻守河内(今河南省武陟县西南),他是丁原手下得力的干将。何进谋诛宦官时,向州郡召集援兵,丁原带兵到了洛阳,官拜执金吾之职(相当于卫戍司令)。后来何进被杀,董卓随之进入洛阳,为了夺取丁原的兵权,就使人利诱吕布,于是吕布杀了丁原,前来投降,董卓便与吕布结为父子。

以上吕布的出身,史书是这样记载的,《三国演义》也照抄不误,虽然加插了一些小枝节。

但在《三国演义》之前,民间艺人对于这个吕布,却是写得很猥琐的。

请看下面吕布的一段自述:

> 胯下征骃名赤兔,手中寒戟号方天。天下英雄闻吾怕,则我是健勇神威吕奉先。
>
> 某幼而习文,长而演武。寸铁在手,有万夫不当之

勇;片甲遮身,有千人难敌之威。先拜丁建阳(丁原)为父,一日丁建阳令吾濯足,丁建阳左足上有一黑瘤,某问其故。丁建阳言曰:足生一瘤者,有五霸诸侯之分。某暗想你足生一瘤,尚有五霸诸侯之分,某足生双瘤,福分更小似你哪?某绰金盘在手,一金盘打杀了丁建阳,就乘骑卷毛赤兔马,投奔出来,后拜董卓为父。[1]

这是元代杂剧家郑德辉笔下的吕布出身历史。他写吕布亲自替丁原洗脚,未免使人难以置信;又说吕布因看到丁原脚上有瘤,而自己脚上也有瘤,便杀了丁原,那更是毫无道理了。古代民间艺人往往有些出人意外的奇想,是现代人所难以理解的。

但是早于《三国演义》的《三国志平话》却有另外一种说法。此书说,西凉府有四大寇作反,王允举荐董卓前往平乱。方欲兴兵,忽听得城内人声喧哗,兵士慌忙闭了城门,点兵数千人,前街后巷,搜索凶犯。只见一人坐在马上,有如猛虎,荡散军兵,杀死者不计其数。续后添兵重重围住。董卓高声问此是何人?百姓皆曰:此人是丁建阳家奴,因杀了丁丞相(即丁建阳),骑着丁丞相之马逃走,被军兵围住,因此不能得脱。不久,众军将吕布擒获,押到董卓跟前。董卓亲自审问其人。其人自言:姓吕名布,字奉先。方欲再问,有丁丞相家人说道:此人不为别事,只为丁丞相一匹好马,遂起心杀丁丞相。董卓问此马有何好处?吕布言道:此马浑身上下,血也似的鲜红,鬃

---

[1] 见元人杂剧《三战吕布》。

尾如火,名为赤兔马。此马旱地而行,见了兔子,不会走脱一个。若遇江河,如履平地,在水中不吃草料,只食鱼鳖。日行千里,负重八百余斤,非凡马也。又说,吕布非为此马,只因丁建阳常常辱我,以此杀他。董卓见吕布身长一丈,腰阔七围,独杀百十余人,如此英雄,当今天下少有。正是用人之时,董卓便免了吕布之罪,收为义子。

这虽然也是一种虚构,但比之郑德辉的杂剧,总还算是合理。

史书上本来就有"人中有吕布,马中有赤兔"的话[1],这匹赤兔马,当时就很有名。于是《三国演义》的作者又在这匹马上大做文章。不但在开头,这匹马已是董卓引诱吕布的钓饵,在关羽降曹时,这匹马又成了曹操想收买关羽的一种本钱。此后赤兔马在读者的心目中,竟与关羽不能分开了。这确是小说家的高明之笔。因为历史上一匹罕见的名马,在吕布死后便不知下落了(史书确实没有记载这匹马以后的去向),那毕竟是使人感到遗憾的。

项羽有一匹乌骓马,临了送给江东亭长。实在令人丧气。所以赤兔马还是与关羽同生共死的好。正如孙行者少不了他的金箍棒,关羽也少不了他的赤兔马。尽管历史上不一定有这记载,人们又何妨认为实有其事呢!这叫做"合则双美,离则两伤"。

---

[1] 见《三国志·吕布传》注引《曹瞒传》。

吕布的方天画戟

看过三国戏的人，都会留下这样的印象：吕布年少英俊，白面无须，手中方天戟，纵横驰骋，英勇无敌。舞台上虽然不曾出现真马，也能想像那匹日行千里的赤兔，是如何神骏。

这里面就有真有假，教你一时分不清哪些是历史人物的原型，哪些又是文艺家的创造。

吕布当然也有过年青的时候，不过那是汉灵帝初年的事。到献帝初平元年关东诸侯讨伐董卓时，他已是三十过外的人，没有资格当"小白脸"了。他死于建安三年，应该超过四十岁。证据是在"辕门射戟"那场喜剧中，吕布曾称刘备为弟，而建安三年刘备已经三十八岁。

不论小说里还是舞台上，开头时，吕布都是挂着胡子的；也不管演《凤仪亭》还是《白门楼》，仍旧是这般扮相。有证据么？也有。

元代刻印的《三国志平话》有插图，其中一幅图《吕布刺董卓》，貂蝉站在院子里，吕布却手持宝剑，把董卓从床上拖下来，举剑砍去。那吕布就挂着三绺长须。另一幅是《水浸下邳擒吕布》，那吕布走出下邳城，中了关云长一箭，画面上还是那把胡子。

《孤本元明杂剧》里,元代剧作家郑德辉写的《虎牢关三战吕布》,后面注归吕布的打扮,正是"三叉冠雉鸡翎"加上"三髭髯"。

由"三髭髯"变成白面无须,很可能是首先出现在明代的舞台上,以后继承下来,直至今日。

方天画戟原也不是吕布的拿手武器,他是持矛的。《后汉书·董卓传》说:"卓将至,马惊不行,怪惧欲还。吕布劝令进,遂入门。(李)肃以戟刺之,卓裹甲不入,伤臂堕车。顾大呼曰:'吕布何在?'布曰:'有诏讨贼臣……'布应声持矛刺卓,趣兵斩之。"

那么,"辕门射戟"的戟是谁的?《三国演义》说:"布大怒,教左右:取我戟来!"这无非是小说家的点缀。《三国志·吕布传》不然。此书说:"布令门候于营门中举一只戟,布言:诸君观布射戟小支。"那显然不是吕布自己用的戟。

吕布的矛,在郑德辉《三战吕布》中变成方天画戟;和他对阵的张飞拿的是丈八矛(《三国志》已有张飞持矛的记载),关云长是三停刀,刘备是双股剑,同《三国演义》写的差不多一样了。这也许便是宋元的说书人或编剧家的创造。这种演进是合理的,因为使人物的形象更加姿彩生动。

顺便也谈谈关云长那口著名的"关刀",看来也是后人的创造。《三国演义》第一回说:"关云长造青龙偃月刀,又名'冷艳锯',重八十二斤。"《水浒传》写鲁智深打造禅杖时,工匠说:"便是关王刀也只有八十斤。"可见宋元时代,关刀重八十斤已是在民间流传了。《三国志·关羽传》是没有写关云长的

呂奉先射戟轅門

只见吕布挽起袍袖,搭上箭,扯满弓,叫一声:"着!"
正是:弓开如秋月行天,箭去似流星落地,
——一箭正中画戟小枝。
帐上帐下将校,齐声喝采。

武器的，自然也不记载他的刀有多少斤。不过，从《三国志·典韦传》却可以得到一个旁证。传里说："（典）韦好持大双戟，与长刀等，军中为之语曰：帐下壮士有典君，提一双戟八十斤。"他的大戟和长刀一样长，共重八十斤，那么，关云长一把大刀重八十斤，也完全是可能的。

舞台上的大排场——三英战吕布

元人郑德辉的杂剧《虎牢关三战吕布》，写的是三国早期一段十八路诸侯征讨董卓的故事。这个杂剧，出场人物众多，场面十分热闹，可说是元人杂剧中少见的大排场戏。

先说那十八路诸侯，就有袁绍、曹操、孙坚、刘表、孔融、韩升、鲍信、乔梅、王旷、韩俞、吴慎、张秀、陶谦、袁术、赵庄、刘羽、公孙瓒、田客，都是各州郡的太守。在十八路诸侯之外，便是刘备、关羽、张飞。场上共是二十一员大将，还有各路诸侯带的卒子，可见演出场面是何等盛大热闹了。

至于董卓方面，当先的是吕布，后面又簇拥着八员健将，那是杨奉、侯成、高顺、李肃、李儒、何蒙、陈廉、韩先，也各领着一彪军马。

诸侯方面，袁绍做了盟主，孙坚是监军，曹操是参谋。开战之先，袁绍分派刘表、孔融、韩升为前哨，鲍信、乔梅、王旷为左哨，韩俞、吴慎、张秀为右哨，陶谦、袁术、赵庄为合后，刘羽、公孙瓒、田客为游兵。各按方位，率领大批人马，攻取虎牢关。看起来真有气吞河岳之势。

却不料吕布才一上场，便先杀败了左哨人马，再击退右

破关兵三英战吕布

见吕布出阵:
头戴三叉束发紫金冠,体挂西川红锦百花袍,
身披兽面吞头连环铠,腰系勒甲玲珑狮蛮带;
弓箭随身,手持画戟,坐下嘶风赤兔马:
果然是"人中吕布,马中赤兔"!

哨兵将。乘胜追杀,十八路诸侯人马大乱。吕布率领八员健将直逼中军。袁绍出马抵敌,又是大败亏输,全军只好向后溃退。吕布得胜回营,一场恶战暂告结束。

杂剧跟着写孙坚登场。孙坚是由丑角扮演,一上来就说了一堆浑话。然后曹操上场。这曹操却不是丑角,他念的定场诗:"绰绰胸中智有余,等闲熟看五车书。恁时列鼎重茵日,方表堂堂大丈夫。"纯是个正面角色。当时孙坚请曹操入于军帐,吩咐他前往青州督运粮草,顺便招安一些埋名隐迹的英雄好汉前来协助。曹操领命,当下离了虎牢关,路经德州平原县,听说县官乃是刘备。曹操久闻刘、关、张的英名,特往相见,劝说刘、关、张到虎牢关参战。刘、关二人怕敌不过吕布,不愿前往。独有张飞坚持要去。张飞是剧中惟一主唱的角色。唱词里,有一段拿数目字嵌成的《仙吕点绛唇尾声》,十分有趣:

> 十载武夫闲,九(久)得兵书看。八卦阵如同等闲,七禁令将军我小看。六丁神不许将我遮拦。遮莫是五云间,四壁银山,三姓家奴,怎意儿反。二哥哥你休将我小看,凭着我这一生得村汉,我可敢半空中滴溜扑翻过那一座虎牢关。

这个杂剧是由张飞做主角。他的打扮是蟒衣,皂袍,猛髯,身挂竹节鞭。不知那时有没有脸谱。因吕布称他是环眼汉,也许他脸上还画了环眼,那么简单的脸谱也应该是有的了。

当时曹操写下一纸介绍书，嘱咐刘、关、张三人到虎牢关下会见孙坚。三人到孙坚营前求见，孙坚听说刘备是个县令，关羽是马弓手，张飞是步弓手，官位低微，就不许入营，还罚刘备躬身立在营前示众。气得张飞暴跳如雷。正在此时，吕布忽又带兵索战，孙坚吓得肚子发疼。张飞乘机闯入辕门，骂孙坚是个镢枪头。孙坚大怒，要斩张飞。恰巧曹操赶到，向孙坚说情，这才罢手。

经过曹操介绍，孙坚命刘备为粮草官，关羽为副，又命张飞为掠阵使。孙坚亲自领兵，同吕布交战。吕布这一阵又杀得孙坚大败。孙坚走入密林，使个金蝉脱壳之计，把衣甲头盔挂在枯树上走了。吕布得了衣甲头盔，命部将杨奉拿着，向董卓献功，杨奉走到半路，正巧碰上张飞，被张飞夺回孙坚的衣甲头盔。

原来孙坚大败回营，谎报自己杀败了吕布，正在说大话逞功。张飞回来，献上孙坚的衣甲头盔，当众羞辱了孙坚一番。孙坚气得又要把张飞斩首，还是曹操劝住。此时吕布又来索战，无人敢去应战，只有张飞报名出阵。

原来吕布已布置了手下八员健将，分成四路埋伏，自己亲率大军，要擒拿刘、关、张三人。当下出到阵前，同张飞厮杀，不分胜负，刘备纵马加入助战，也只打个平手。最后关羽挥舞青龙偃月刀加入作战，三员猛将杀得吕布大败亏输，逃入虎牢关，闭关不出。

杂剧最后照例是对三人加官赐赏，不在话下。

这就是在罗贯中之前民间戏剧流传的《三英战吕布》的故事。

这个民间故事的原始性是很明显的。它把孙坚写成丑角,就同史实毫无近似之处。孙坚几次三番要杀张飞,也是近于儿戏。至于刘、关、张在这场战争中合力杀败吕布,当然只是说话人为了突出三位英雄形象而创造的情节。

史书上记载刘备参加征讨董卓,只有《三国志·先主传》注引《英雄记》两句话:"灵帝末年,(刘)备尝在京师,后与曹公俱还沛国,募召合众。会灵帝崩,天下大乱,备亦起军从讨董卓。"记载如此简单,不但说书人不好讲,听众也决不会满意。所以说书人便自己来创造,而杂剧的作者也照此把它搬上舞台。

只有到了罗贯中手里,才去粗取精,加工修改,成为我们在《三国演义》里看到的动人的"三英战吕布"。

数百回合的交锋

不管看《三国演义》也好,看《说唐》或《水浒传》也好,常见两员大将策马交锋,少者打数个回合,多者大战三百回合。这边一刀挥去,对方人头落地,于是大军掩杀过去,杀得尸横遍野,大获全胜而回。好像主将单人匹马就可以决定胜负,手下兵马只是拿来陪衬。这是不确切的。主将勇敢固然可以鼓舞士气,增强胜利信心,但不一定就是必胜;主将打败,军心自然动摇,也不一定必然惨败。何况古代战争并非阵阵都先由主将交手。大战若干回合,反而是偶然的事情。

举个例子说,吕布是十分勇猛的,应该必定大战若干回合吧?请看下面这段记载:

> 《英雄记》曰:郭汜在城北,(吕)布开城门,将兵就汜,言"且却兵,但身决胜负。"汜、布乃独共对战。布以矛刺中汜,汜后骑遂前救汜,汜、布遂各两罢。[1]

---

[1] 见《三国志·吕布传》。

这可以说是两个将军交马大战若干回合了。但是第一,它首先声明"且却兵,但身决胜负",可知不是向来如此;第二,吕布刺伤了郭汜,却并未因此大获全胜,而是"遂各两罢"。

再举一个例子,关羽斩颜良是这样的:

> (袁)绍遣大将颜良攻东郡太守刘延于白马,曹公使张辽及(关)羽为先锋击之。羽望见良麾盖,策马刺良于万众之中,斩其首还,绍诸将莫能当者,遂解白马围。[1]

这分明是一种突然袭击,而不是像吕布、郭汜那样事先说明,然后大战若干回合。

再说"喝断长坂桥"的张飞,当时情况是这样:

> 先主闻曹公卒至,弃妻子走,使飞将二十骑拒后。飞据水断桥,瞋目横矛曰:"身是张翼德也,可来共决死!"敌皆无敢近者,故遂得免。[2]

这也是一种特殊情况。一则敌人震于张飞的勇猛,二则"据水断桥",作拼命的姿态,也不是战斗的常规。

自然,主将勇猛善斗,毕竟首先占了上风。吕布便是这一号人物。《吕布传》说:"布有良马曰赤兔。常与其亲近成廉、魏

---

[1] 见《三国志·关羽传》。
[2] 见《三国志·张飞传》。

越等陷锋突阵,遂破(张)燕军。"这种陷锋突阵的战法,就是带一小队人马冲乱敌人阵势,然后大军涌进。在这里主将勇敢是起重要作用的。又《典韦传》也说:曹操、吕布大战于濮阳时,曹操夜袭吕布野外的营垒,吕布亲自去救,"会布救兵至,三面掉战。时布身自搏战。自旦至日昳(由早至晚)数十合,相持急。"这也是数十次冲击,而不是一人对一人的单独搏战。

不过到了后来,大战若干回合的事,毕竟也发生过。

《新五代史·夏鲁奇传》说:

> 鲁奇初事梁,为宣武军校,后奔于晋,为卫护指挥使。从周德威攻刘守光于幽州。守光将单廷珪、元行钦,以骁勇自负,鲁奇每与二将斗,辄不能解,两军皆释兵而观之。

这段记载,说明在五代时,有些勇将,有时是会亲自出马,互相单骑搏斗的。这个夏鲁奇就是自恃武力过人,单骑和敌将搏斗,而且斗得难分难解。最妙的是双方军士都放下兵器,像观赏武术表演那样,看这场厮杀是谁胜谁负。这种情景,就同《三国演义》描写的"大战若干回合"很近似了。

既然出现过这种场景,那么,小说家加以利用、夸张,进一步变成每逢战斗,都先由主将出马,大战若干回合,也便不足为奇了。所以,说小说家完全虚构也不是。

说到"回合",开初只是"回环围绕"的意思,唐诗中的"回合"就是这样。后来却成为小说家的术语。古代将军身披重甲,手执长武器,胯下战马,不可能像步兵那样灵活。假定两员大将要捉对儿厮杀,那种情况,恐怕就像一些外国武侠电影场面那样,决斗武士各自立在相当距离,然后冲马向前,用矛向对方刺去,不管是否刺中,双方已擦身而过,又须回头再来一次。

这也许便是"一个回合"。

据说,广东海丰县的西秦戏(也许是大戏)在表演战斗时,演员的动作是:双手横持武器、握拳作跑马之状,先在舞台上互转圈子,然后交马把武器互相一碰,随即又跑马转圈,转圈之后,再一次交马,碰击武器。这种战斗方式,似乎是有来历的,但不知来源何处。戏曲家不妨研究一下。

"丑角"孙坚

中国古代戏剧都有一套程式。有些是动作的程式,有些是语言的程式。到了近代,舞台上的表演也还是讲究程式。它可说是来源甚古的。

元代杂剧也有程式。正角和反角的程式就不一样。演员一上场,先不说别的,只看他的定场诗和道白,就知道此人是哪种角色。其中的三国戏,孙坚、张鲁、夏侯惇、夏侯渊、曹彰、刘封等人都派做了丑角,由净来扮演,他们出场都有程式化的说白,人人相差不远。例如《三英战吕布》这个戏里,孙坚一上场就是这样念白的:

我做将军世稀有,无人与我做敌手。听得临阵肚里疼,吃上几盅热烧酒。某长沙太守孙坚是也。自幼儿读了本百家姓,长而念了几句千字文。为某能骑疥狗,善拽软弓,射又不远,则赖顶风,对南墙箭箭不空。虽然我为大将,全无寸箭之功。

跟着他同吕布对阵,又有这样一段念白:

> 湛湛青天不可欺,八个螃蟹往南飞。则有一个飞不动,看了原来是尖脐。某长沙太守孙坚是也。某十八般武艺,无有不拈,无有不会。上的马去,常川不济,听得厮杀,帐房里推睡。元帅升帐,威势全别,不知天文,不晓地理,为头说谎,调皮无赛……人人奋勇,吃食拼命当先,个个威风,奸狡贼猾无比。

只凭这种道白,观众就知道这定是个没有好下场的坏蛋。对于文化不高的观众来说,这倒是个让他们分辨忠奸好歹的简单办法。

不止是杂剧,当时的说书人也丑化孙坚。

《三国志平话》写关东十八路诸侯讨伐董卓时,也把孙坚写成既自高自大,又气量狭窄的人物。说书人分明要找出一个反面人物,来衬出张飞的粗豪勇猛的。但为什么不找别人,偏要选上孙坚?那就很难推测了。

孙坚自然不是这样的脓包。他在讨伐董卓时,固然也失利过。《三国演义》写的那段孙坚给华雄打败,把头上赤帻给祖茂戴上,让华雄追赶祖茂,自己脱身而去的情节,在《三国志》上原是有的;只不过《三国演义》加上个华雄杀祖茂,突出华雄的勇武,让后来关羽斩华雄显得更加出色罢了(历史上是孙坚再战时斩了华雄,与关羽无关)。

董卓也害怕孙坚,曾命部将李傕向孙坚求和,愿意封赠孙坚的子弟,但被孙坚严加拒绝。以后董卓焚烧洛阳,退回长安,孙坚入洛阳修复陵庙,扫除瓦砾,又在甄官井中发现传国玉玺。他在讨卓之战中,态度是最坚决的。

说书人这样丑化孙坚,原因何在,如今已很难推测。其实直到唐代,诗人还歌颂孙坚。中唐诗人吕温有《题阳人城》诗云:"忠驱义感即风雷,谁道南方乏武才?天下起兵诛董卓,长沙子弟最先来。"阳人城是孙坚斩华雄的旧地,诗人过此地时,还怀念孙坚。不料到了宋元的民间艺人口中,却变为丑角,这真叫"身后是非谁管得"了。

《三国演义》作者保留了《三国志平话》中三英战吕布的情节,又把孙坚恢复成为正面人物,比宋元的民间艺人高明多了。

白脸还是红脸——复杂的曹操

曹操这个人,誉之者称之为英雄,贬之者骂他为奸贼。有人替他翻案,说他是"历史的推动者";又有人反翻案,说他是镇压农民运动的刽子手,"摧残历史发展者之一"。大有"是非蜂起"的味道。

确实,曹操不是个简简单单的人。我们只从历史的记载来看,也觉得此人像个多面的晶体,不简单。

他有智谋,善用权术,大家都知道;却又通晓兵法,曾注过《孙子》,自己还写了一本兵书叫《孟德新书》。他懂得武艺,又是文学家,诗写得很好:"对酒当歌,人生几何,譬如朝露,去日苦多。"似乎有点颓废派的情调;却又唱出"老骥伏枥,志在千里,烈士暮年,壮心不已"的慷慨激昂的高调。他用兵时善于行诈,但在谈到自己生平的那篇《述志令》里,却十分坦率,敢于说出"设使国家无有孤,不知当几人称帝,几人称王"的老实话;还说自己之不愿解除兵权,是"诚恐己离兵为人所祸也",把别人不肯说的心里话都亮出来。他爱招揽人才,三次颁布求才的命令,把那套虚伪的儒家道德看得一钱不值。他不喜欢摆出凛然不可侵犯的首长神气,却高兴轻轻松松,随随便便,和一群文人武士交朋友。他为了取得军事费用,可以挖人家的坟墓,掠取金珠宝贝;但又提倡节俭,禁止厚葬,甚至把穿着锦绣服装的媳妇(曹植的老婆)赐死。[1]他好色,可说近乎荒淫;有时又好杀,杀性一起,可以屠尽一城的人;但是他可以放过害了自己儿子(曹昂)的张绣,可以放走投奔敌方的关羽。以他的权力,分明可以自己来做皇帝,他坚决不干,却说:"苟天命在孤,孤为周文王矣。"然而杀董承,杀伏皇后,又是心狠手辣的……

以上各式各样不同的因素,混合起来,就构成人所共知的曹阿瞒的形象。这形象如此复杂,是不能用几个字来加以概括的。

所以,这个人物在舞台上,就有两副十分相反的脸谱。

前些年,报纸上有一篇文章谈到曹操的大白脸,分析深刻。文章说:"像曹操这样的人,用什么色彩勾画他的脸谱才足以称之呢?实在太难了。无论什么色彩,什么图案,加在他的脸上,都觉得太浅近,太单薄,不能显其灵魂于万一。"只有一张白脸,才显得奥妙无穷,"这白,不是闺房淑女含娇凝脂的白,不是书斋秀士风流儒雅的白,也不是冤魂厉鬼肃杀凄怨的白,按照民间传说,这是'鱼肚白'。""必得是'鱼肚白',他是冷血动物,没有人的血性,那一张白脸透出无边的冷来,由他的面孔时时想到死亡。只有这样,才是彻底的曹操。"这是数百年间,一致认定曹操是个典型的奸雄的艺人们,绞尽

---

[1] 见《三国志·崔琰传》注引《世说》。

脑汁,才想出来的一个脸谱。但这个脸谱只是代表了曹操邪恶的一面,而不是全部。

曹操还有可爱的一面,一张白脸谱是无能为力的。因此历史上也有不少"俊扮"的曹操。元人杂剧里,不论是《虎牢关三战吕布》还是《张翼德单战吕布》,曹操都是正面人物,相当于京剧的老生打扮;明代陈与郊的《文姬入塞》,清代南山逸史的《中郎女》,曹寅的《续琵琶记》,那曹操也是老生打扮;至于近年郭沫若的《蔡文姬》,曹操更是超越时代的英雄,那脸不但不白,而且"红得发紫"了。这也可见曹操其人之复杂。

在东汉末年的群雄角逐中,论世家大族,兵多将广,有袁绍、袁术兄弟;论骁勇善战,有吕布;论老成稳重,有刘表;论能得人心,有刘备;论据地守险,有孙权;此外大大小小的军阀豪强,此伏彼起难以悉计。假定说这些人都各有一方面或不止于一面的长处,又把他们个个看成是一个砝码,那么,这些砝码的重量,是无一能及曹操的。

曹操的政治眼光和政治手腕,的确高出于同时的许多只知争城占地的军阀。这里只举出两件较为重要的事实。

大家都知道,袁绍出身世家大族,声誉很高,兵多将广,是个实力很强的军阀。曹操何以能很快消灭袁绍呢?其中有个主要原因。原来袁绍为了保护那些世家大族的既得利益,必然采取加强压迫剥削老百姓的做法,苛征重税,弄得民怨沸腾。曹操曾指出:"袁氏之治也,使豪强擅恣,亲戚兼并,下民贫弱,代出租赋,(老百姓)炫鬻家财,不足应命。审配(袁的谋士)宗族,乃至藏匿罪人,为逋逃主。欲望百姓亲附,甲兵强盛,岂可得耶?"[1]曹操是深知豪强地主的专横对国家的严重危害的,所以他消灭袁绍以后,随即有"重豪强兼并之法",就是说,禁止大地主豪绅用势力占夺民田,以及把赋税负担转嫁到农民头上。这当然能得到百姓的拥护,从而巩固了他的政权。这是第一个重要措施。

自从董卓等人互相混战,生产力便大受破坏。军阀争城夺地,百姓死亡流离,土地大片荒芜,全国发生严重饥荒。当时像吕布、袁术等军阀,"饥则寇略,饱则弃余,瓦解流离,无敌自破者,不可胜数。袁绍之在河北,军人仰食桑葚;袁术在江淮,取给蒲蠃(螺蚌之类)。"军队的情形如此,老百姓怎能活得下去?

曹操连年征战,他深知这是不能维持长久的。所以定都许昌以后,就采纳枣祗、韩浩等人的意见,一面招纳流散壮丁,给以土地,使他们安心耕种,一方面也叫军队自己开荒种植,力求自给。他专设典农中郎将来监督管理,"五里置一营,管六十人,且佃且守。"耕田的兵如借用官方的牛,收成时官得六成,兵士得四成;不用官牛,收成则官与佃兵对分。这无疑能鼓励生产的积极性。向农民征收农业税,也改变过去计牛多少而定纳谷多少的办法,牛只也因之增加。从此魏国"岁有数千万斛,以充兵戎之用"。"数年之间,所在积粟,仓廪皆满"。曹操的地位巩固了。

这叫做"百姓足,君孰与不足"。只有让老百姓富裕起来,国家才真正富强,这样的政权也就立于不败之地。

---

[1] 见《三国志·武帝纪》注引《魏书》。

曹操的兵法著作

曹操有一本军事著作，称为《孟德新书》，读过《三国演义》的人都知道。据《三国演义》说，西蜀刘璋派别驾张松到许昌，张松言语不逊，曹操不予礼遇，张松只好投向刘备，献出西蜀地图，又陈入蜀之策，在这段故事中，插入张松为难杨修一节。杨修取出曹操所著《孟德新书》，说是仿《孙子十三篇》而作。张松看了一遍，立即朗诵出来，并无一字差错。又故意说此书是战国时无名氏所作，曹操盗窃而得。于是，曹操把《孟德新书》扯碎烧了，自此不传于世。

这段描述自然又是有真有假。《三国志》引《益部耆旧杂记》说："（杨）修以公（曹操）所撰兵书示松，松宴饮之间，一看便暗诵。修以此益异之。"并没有曹操烧掉兵书的事。

曹操确实有过军事著作，王沈《魏书》云："太祖自统御海内，芟夷群丑，其行军用师，大较依孙、吴之法，而因事设奇，谲敌制胜，变化如神。自作兵书十万余言，诸将征伐，皆以新书从事。"这里出现了"新书"二字，"新书"者，别于古代兵书也。

但是这部十万余言的"新书"又确实不曾流传下来，难怪

《三国演义》有烧了的说法。

曹操注解过好几种兵书。姚振宗《三国艺文志》列举有《太公阴谋解》三卷、《司马法注》(不知卷数)、《孙子略解》三卷、《续孙子兵法》二卷、《兵书摘要》十卷、《兵书要论》七卷、《兵书略要》九卷、《魏武帝兵书》十三卷。后一种也就是《魏书》所说的《新书》,出于自己著作,其他都是注解或抄撮古代兵书的。

《新书》固已不传,其他注解古代兵书的著作,现在也仅存《孙子注》一种,也就是上文的《孙子略解》。清人孙星衍校刊的《孙子十家注》收录曹操的注文,这是曹操军事著作中惟一幸存的了。

未看过曹操注《孙子》的人,也许以为其中有不少精彩的发明,其实相反,非常简略。例如《孙子》说"强而避之",曹操注云:"避其所长也。""怒而挠之"注云:"待其衰懈也。""卑而骄之,佚而劳之"注云:"以利劳之。""亲而离之"注云:"以间离之。""攻其无备,出其不意"注云:"击其懈怠,出其空虚。"大抵都是这样的注解,这样的注解,可以说是注也如此,不注也如此,读了只有使人失望。

不知所谓《孟德新书》者,是否也如此简单概略?

看来曹操读了不少古代兵书,但不过是粗知其意而已。赤壁大败证明了这一点。

两个悲剧人物——陈宫和吕伯奢

陈宫是小说家塑造的悲剧人物。后来,在舞台上的《陈宫骂曹》,就是以《三国演义》作为蓝本的。此人的舞台形象高大,很能衬出曹操的奸险,一般人对他是印象甚好的。

在历史上,陈宫这人很怪。他为人刚直烈性,年少时同海内知名之士颇有联结。关东诸侯讨伐董卓时,他追随曹操。兴平元年,曹操东征陶谦,只留陈宫把守东郡。东郡在今河南濮阳县南,是曹操的老根据地,可见曹操对他是很信任的。[1]不知怎样,他却同张邈联合,迎接吕布,反起曹操来了。以后陈宫追随吕布,为他划策,但吕布常常不听,卒在下邳被曹操擒杀。

陈宫以曹操的亲信而反曹,直至被擒,宁死不屈,其中有什么内幕,史书已经失载。于是小说家乘机利用,塑造一个以耿直反衬奸诈的人物形象。这个人物就是陈宫。

小说家的手段是巧妙的。

历史上,曹操因董卓擅自废立而弃官归去,确有其事,但

---

[1] 见《三国志·吕布传》注。

却不曾献刀行刺,路上也不曾遇见陈宫,而是在中牟县给一个亭长捉住,有人认得他,便把他放了。去成皋时,又因怀疑而杀了吕伯奢一家,但陈宫也不在场[1]。小说家的聪明,就在于先把陈宫移到中牟县做县令,说他同情曹操,把他放了,还立意追随他,便树立了陈宫的侠义形象;再进一步,又利用杀吕伯奢的事,突出曹操"宁可我负天下人,不可天下人负我"的奸险面目,再写陈宫对他起了杀心,而又觉得杀之不义,终于弃之而去,这又使陈宫的形象更为光彩。后来写他辅助吕布,屡献奇谋,可惜吕布不听,这个人物的悲剧色彩便逐步显示;直到白门楼一幕,陈宫视死如归,毫无乞怜之意,曹操则"泣而送之"[2]。悲剧至此达到了高潮。

陈宫这个形象的意义,还有更深一层,那便是一个刚正而有智谋的人,只因为所追随的领导者是个不足成事的家伙,结果又丢不开他,于是只好落得个身败名裂的下场。历史上,不知有多少这种悲剧人物。陈宫这个形象,是可以作为代表的。

小说处处抬高陈宫,目的却在处处贬低曹操。本来曹操路上被捉被放,又杀吕伯奢,是两件绝不相干的事,却用陈宫加以串连,于是事情的性质和人物的形象就起了变化,一个耿直义侠,一个阴险狡诈,对立非常明显了;而陈宫被擒,宁死不降,曹操不念旧恩,将他杀死,更是加重勾勒一笔,让曹操那张"大白脸"面目更加清楚。

---

[1] 见《三国志·武帝纪》。
[2] 《三国志·吕布传》注亦载此事。

由于京剧《陈宫捉放曹操》的盛行，人们很自然会想到那无辜的吕伯奢。

在金戈铁马的三国故事中，吕伯奢是个仅仅闪现了一下，随即消失的人物。可是，读过或听过三国故事的人，总是对他产生了惋惜之情，因而没有忘记他。

这是因为他无辜地遭遇了灭门之祸，是个悲剧色彩很浓的人物。

有个叫扫花词人的，特地为他写了一首诗道："垂老归林下，悠然世外思。岂知灭门祸，即在宴宾时。"吕伯奢迎来了这样的客人，真使人摇头三叹。

那时无辜灭门的人还有不少，为什么人们如此同情吕伯奢？

因为人们总是痛恨那些忘恩负义的人。吕伯奢出于一片好心，招来的却是一场横祸。这横祸不是由于其他原因，而是那个受恩者的加予，这就不能不使人为之震惊。因为后者是违背起码的为人道德的。

而且，这个人又是曹操。

《三国演义》作者固然憎恨曹操，常常给他画一些丑脸，但这件事却不是捏造。

郭颁的《世语》讲得很清楚："太祖（曹操）过伯奢，伯奢出行，五子皆在，备宾主礼。太祖自以背（董）卓命，疑其图己，手剑夜杀八人而去。"孙盛《杂记》也证实说："太祖闻其食器声，以为图己，遂夜杀之。既而凄怆曰：'宁我负人，毋人负我。'遂行。"

只有王沈的《魏书》，因为要维护魏国的尊严，才曲笔写道:"太祖……逃归乡里,从数骑过故人成皋吕伯奢;伯奢不在,其子与宾客共劫太祖,取马及物,太祖手刃击杀数人。"反把罪过归到吕伯奢的儿子身上。

郭颁、孙盛都是晋朝人,王沈却是魏国的秘书监,所处地位和时代不同。我们宁可相信晋人的话。

"宁我负人,毋人负我。"这是千古奸雄的"座右铭",只不过有人敢于直言不讳,有人却藏在心里,只用行动来表达而已。所以修订评论《三国演义》的毛宗岗为此特意发表了一通议论,他说:

> (曹操)至杀吕伯奢,则恶极矣。更说出"宁使我负人,休教人负我"之语,读书者至此,无不诟之詈之,争欲杀之矣。不知此犹孟德之过人处也。……至于讲道学诸公(按,这是指儒家的道学一派),且反其语曰:"宁使人负我,休教我负人。"非不说得好听,然察其行事,却是步步私学孟德二语者,则孟德固不失为心口如一之小人,而此辈之口是心非,反不如孟德之直捷痛快也。

确实是这样。有些伪君子,满嘴仁义道德,口沫横飞,其实心里只是要学曹操的这两句话。人们只要对照一下他的讲话和行径,就十分了然了。

历史上曾出现过数不清的"吕伯奢式的悲剧",究其原因,大抵是私心要学习曹操的人,实在为数不少吧!

貂蝉果真有其人吗

貂蝉是个完全虚构而又颇为知名的小说戏曲人物。因为她出自虚构,小说戏剧家于是纷纷驰骋想像,创造了好几个不同形象的貂蝉。

在《三国志平话》里,貂蝉姓任,本是吕布的妻室,因在临洮乱中失散,进入王允府中。貂蝉因烧夜香,王允撞见,问起情由,于是想出连环计,送貂蝉到董卓府中,挑拨吕布。吕布一怒,入府杀了董卓。这可能是最原始的故事。值得注意的是貂蝉原属吕布之妻,因此王允使用的连环计就未免显得太卑劣了。

《三国演义》却不然。写王允忧国,貂蝉愿意舍身报国。貂蝉的形象显得高大了。多年来,《凤仪亭》的故事即以《三国演义》为蓝本。

元人杂剧中,既有无名氏的《锦云堂暗定连环计》,又有无名氏的《关大王月夜斩貂蝉》。后一剧早已失传,不知关羽何事居然要斩此女?(旧时京剧也有《斩貂蝉》,应是同出一源的。)但也可以猜想,剧作者是把貂蝉写成反面人物,好让关大王开刀的。

数十年前,粤剧有一出《关公月下释貂蝉》,新珠、薛觉先都演出过。此剧笔者未曾寓目,不知所说何事。但既然终于释放,可见貂蝉还不是太坏。

旧时还有个朱派小生戏《白门楼》,写吕布在下邳被擒,其中也有貂蝉出场。貂蝉却被处理成为忠于曹操反对吕布的角色。她出场唱的摇板是:"老王允定下了连环巧计,我这里用假意谅他(指吕布)不知,但愿得曹丞相大兵齐至,破徐州俱擒去万事全休。"然后陈宫上场有事启奏,给貂蝉挡了回去,不得见面,陈宫痛骂貂蝉是苏妲己。后来张辽再闯入报告吕布的画戟赤兔马俱被盗去,貂蝉还说"温侯威名谁不怕,无有戟马也胜他"。还是稳住吕布。随后曹兵擒了貂蝉、吕布,曹操上场,先带貂蝉,他唱的是:"貂蝉女好妙计盖世功果,献连环救得了汉室山河。叫人来送貂蝉养老宫坐,太平时也许她安然快乐。"原来在下邳之战中,貂蝉做了里应外合的角色,这真是大大出人意外的情节了。[1]

还有流传在湖北襄樊地区的一个故事。这个故事说:

> 后汉末年,董卓作乱,司徒王允在野外拾得一个无父无母的女孩,收养在家,取名貂蝉。原来这女孩的父母都被董卓所杀,女孩立志报仇。王允也想诛除董卓,要将貂蝉送去,离间董卓和吕布父子。但又见貂蝉面貌不扬,无计可施。忽一日,神医华佗来访,谈起此事。华佗自称有办法。过了十几天,华佗带了个包袱再来找王允,吩咐

---

[1] 见锦章图书局《京戏大观》二集。

唤出貂蝉,给她吃了一服药,只见貂蝉登时不省人事。华佗便拔出利刀,把她的头颅一刀切下,吓得王允魂飞魄散。华佗从容地从包袱中取出一个头颅,对王允说:"这是我到西施墓中取来的,是西施的头,我给貂蝉换了。"换头之后,貂蝉果然貌似西施,美艳非凡。王允便把连环计的事告诉她。不料貂蝉听说要她服侍董卓,那董卓是凶恶无比的人,她一听就心胆俱落,手脚战抖。王允知她胆小,必然误了大事,只好再向华佗问计。华佗又答应给貂蝉换胆。几天之后,华佗又来了,说是到咸阳找到荆轲的胆,坚如铁石,他又剖开貂蝉胸膛,把荆轲的胆换进去。于是,一个又漂亮又大胆的貂蝉被送进了董卓深宫,完成了王允的连环计,立了大功。

这个故事只在当地民间流传,是不见于史书记载的。它把神医华佗牵入连环计中,赞扬了华佗的医术和他的正义感,正是民间对神医敬仰的反映。而貂蝉本是个理想人物,加些神奇色彩,自然也是无不可的。

上面已有几种不同类型的貂蝉。后来看到电视剧《三国春秋》,发觉貂蝉的形象又更高大。因为它最后加插一段,说的是貂蝉不愿嫁与吕布,为了自己的崇高与清白,一条白练,自缢身亡了。

《凤仪亭》以后,貂蝉的"历史使命"原已完成。让她成为吕布的妻或妾,固然未尝不可,但总使人觉得此事"了而未了",倒不如"一纳头憔悴死"来得干净利落。照我看,这未始不是一种进步。

貂蝉本来是个虚构中的人物,凭你怎么捏合都不碍事。

史书上只有这样两句话:"卓常使布守中阁,布与卓侍婢私通。恐事发觉,心不自安。"本来与王允无关。但有人又从《开元占经》卷廿三查出另一种出处:"《汉书通志》:'曹操未得志,先诱董卓进貂蝉以惑其君。'"[1]那么,貂蝉又实有其人了,不过这貂蝉却是董卓找来蛊惑汉献帝,而且是曹操教唆的。

真是越弄越糊涂了。

---

[1] 见平步青《小栖霞说稗》。

石榴园里论英雄——小杨修戏弄曹阿瞒

如果下面这段记载不假的话，曹操在征服吕布以后，是想把刘备收为己用的；又如果刘备乐于为曹操所用，那么，三国历史就要改换一种写法了。

这段记载说，建安元年，刘备领徐州牧，袁术率兵来攻。吕布乘虚袭取下邳，刘备向吕布求和，暂驻小沛。不久，吕布又进攻刘备。刘备战败，往投曹操。曹操待他甚厚。后来曹操自率大军围吕布于下邳，生擒吕布。刘备随曹操返许昌，封为左将军，"礼之愈重，出则同舆，坐则同席"[1]。这时候，曹操确实是想收罗他的；不过，还未能完全信任他，所以刘备也小心提防。及至董承受了献帝的衣带诏，刘备参加了这个密谋，情势突然转变。刘备不但不肯作曹操的犬马，反而倒戈相向。从此曹、刘的关系就完全决裂了。《三国演义》从第十九回到第二十四回，写的就是这几件大事。《三国演义》虽然有些情节夸张，基本上是根据历史来铺演的。

读者读到第二十一回《曹操煮酒论英雄》一节，大抵都很

---

[1] 见《三国志·先主传》。

感兴趣。书中写曹操试探刘备,刘备随机应变,都很精彩。这也是出自罗贯中的生花妙笔。

在这一幕中,曹、刘是在暗中斗智。正是"将军欲以巧胜人,盘马弯弓故不发",双方在表面颇为含蓄,而内里的杀气,仍是咄咄逼人的。

早于罗贯中的民间艺人,也说了煮酒论英雄这回书,但却写得完全不同。它公开揭出曹操要杀刘备的阴险面目,而又使它成为一出嘲弄曹操的喜剧。

这个喜剧值得向读者介绍一下。

曹操一上场,就表露了心事,他本想将刘、关、张三人收留在麾下,不料此三人"各有异志,不从某调,我欲将此三人杀害了,怎奈他弟兄们英雄无比,一时难以擒拿"。

于是曹操就把夏侯惇、许褚、张辽召来商议。当有张辽献计道:"俺这城外有一所石榴园,内有一座凝翠楼。丞相可在楼上安排筵宴,差人请刘备。待此人赴会,楼下埋伏七重围子手。筵间,罗织他一些风流罪过,击金钟为号,活拿了刘备。若关、张来救,凭着俺众将英雄,来一个拿一个。此计如何?"曹操听了大喜,便依计而行。

当下叫许褚前去请刘备饮酒。刘备应了,心中却疑惑不定,便同简雍商议。简雍劝刘不要去,刘备认为不妨事,带着随从去了。

此事随即被关、张二人知道,商议之下,认定曹操必然不怀好意。张飞便要单身闯入虎穴,把刘备救出。关羽不放心,唤了关平来整备军马,领五千军在后接应。

刘备到了石榴园,上了凝翠楼,同曹操饮酒。夏侯惇等人已在楼下用兵围住。曹操见无人行酒,忽然想起杨修,即命杨修上楼。杨修早知曹操要杀刘备,便应命前来。

曹操借个因由,把杨修拉过一旁,对他说道:"我意如此如此。你替玄德公递一杯酒,到他跟前满斟十分,到我跟前浅斟半杯。灌醉刘备,好罗织他些风流罪过。"

于是杨修负责行酒。他给曹操斟酒,酒满十分。说是"君子不吃凹面钟"。曹操只好饮了。又给刘备斟酒,却只斟八分。曹操问是何缘故?杨修答道:"酒虽八分,玄德公全都喝了;丞相的酒十分,只喝一半。"曹操无可奈何。这样喝了几杯,曹操便先自醉倒,伏在桌上睡着了。

杨修便用几句相关的话,提醒刘备。一是说,野雁只为贪一口吃,就撞在罗网里头,它是"自己伤身为口"。又说:"主人家嫌你叶密枝稠,待将他剪草除根不存留。"刘备听了说:"我知道了。"

转眼间,曹操酒醒,忽问刘备:"古往今来,有哪几个是英雄好汉?说得是,吃三杯酒,说得不是,罚三碗凉水。"叫杨修做监证人。刘备先说:"吕布是英雄好汉,十八路诸侯无一个是他对手。"曹操笑道:"吕布是三姓家奴,岂是英雄?"杨修立即接口道:"丞相说得是,请饮三杯酒。玄德公罚凉水三碗。"曹操又问:"古来谁是英雄好汉?"刘备答道:"项羽可称英雄好汉。"曹操又笑道:"项羽被韩信追至乌江,自刎身亡,岂得谓之英雄?"杨修又接口道:"丞相说得是,再饮三杯。"气得曹操下令推出杨修,重打四十大棒,赶下楼去。

杯盘重整,曹操再问:"且说俺两个谁是英雄好汉?"刘备答道:"曹刘好汉。"曹操大怒:"怎么曹刘好汉!你待说某是好汉,恐怕某掩了你;待说你是好汉,又怕我怪你。想来汉家十八路诸侯,都不敢与某作对,惟有你敢与某作对,岂有此理!"把桌子一拍。刘备双手掩耳,诈作害怕道:"小官平生有些怕雷。"

正在闹嚷之间,张飞赶来,后面关云长带了人马也到。二人冲上楼去。许褚等人拦挡不住。张飞一把扯住曹操,吓得曹操求饶。刘备劝住,三兄弟一齐下楼,回私宅去了。

这便是元人杂剧《曹孟德定计凝翠楼,莽张飞大闹石榴园》的情节。

这也可以说是一出民间小喜剧吧!它是那样朴素天真,饶有风趣。对于这些民间的东西,是不应用史实的是非去要求它的。

关云长遇上好色的曹操

桂阳太守赵范有个寡嫂,赵范想把她嫁给赵云,赵云不答应。这段故事,《三国演义》是根据《三国志》引《赵云别传》略加夸张写成的。《赵云别传》只说,赵云代赵范领桂阳太守,赵范想把寡嫂樊氏许配赵云,赵云推辞了。后来赵范逃走,赵云丝毫不受牵连。很把赵云的见识夸奖一番。

但还有另外一个女人,《三国演义》却有意不提了,此人便是秦宜禄的前妻杜氏。

秦宜禄是魏国骁骑将军秦朗的父亲,秦朗则是曹操的油瓶儿子。为什么秦朗做了油瓶儿子?这里有一段故事。

秦宜禄原是吕布手下的官员,吕布派遣他同袁术联络,袁术把他留下来,还把汉宗室的女儿嫁了给他。这时,他的原配杜氏还留在下邳。杜氏是个绝色美人,不幸便成了被遗弃的寡妇。

到建安三年曹操围攻下邳,刘备、关羽同曹操合兵。据《魏氏春秋》说,关羽好几回向曹操表示,城破以后,他要娶杜氏为妻。曹操为人好色,猜想杜氏准是个美人,便不肯答应。下邳城破,曹操召见杜氏,果然是个美人,便纳入后宫。这就使关羽十分扫兴。

此事在《华阳国志》也有记载。明代有个叫郑以伟的人,看到此事,愤愤然写了一首《舟中读〈华阳国志〉》诗,他写道:

百万军中刺将时,
不如一剑斩妖姬。
何缘更恋俘来妇?
陈寿常璩志总私。

(自注:志载,关壮缪请于曹操,求纳秦宜禄妻。)

这位郑先生把一肚子气都发泄在史官身上,说陈寿(撰《三国志》)、常璩(撰《华阳国志》)都是出于自私,这个记载是不足凭信的。

关羽后来娶了哪个女子为妻呢?史无记载,以后却有人杜撰,说"妻胡氏",那只是胡诌。至于秦宜禄此人,不久就回归曹操,曹操任他为铚县长(铚县在今安徽宿县西)。建安四年,刘备据徐州,杀车胄,张飞随刘备到小沛(今江苏沛县),经过铚县,张飞对秦宜禄说:"曹操占了你的妻子,你还有面目做他的县长,还是跟我走吧!"秦宜禄跟张飞走了一程,后悔想回去,就给张飞杀了。

秦朗这个油瓶儿子却从此一直养在曹操身边,很受宠爱。曹操常对人说:"世有人爱假子如孤者乎!"后来秦朗一直官运亨通,富比王侯。

曹操一生的"风流罪案"不少。著名的清谈家何晏的母亲,也是他接收过来的一个(她原是大将军何进的媳妇),又不止张绣的婶母而已。《三国演义》详细描绘了曹操在宛城的丑态,可谓淋漓尽致;于是京剧中又出现了《战宛城》,写曹阿瞒微服私访,把张绣婶子抢回营中寻欢作乐,引起张绣造反,赖得典韦死战,才捡回一条性命。至于秦宜禄妻的事,因为牵连到关羽,便又只字不提了。

"汉寿亭侯"不是"汉·寿亭侯"

关羽杀了袁绍的大将颜良,解了白马之围,曹操便奏请献帝,封关羽为汉寿亭侯。这事情在《三国志·关羽传》里写得很清楚。

然而不幸,他封的侯爵有一个"汉"字,便引出了后来的许多误解。

最常见的误解,是把"汉寿亭侯"拆开成为"汉""寿亭侯"。说"汉"是汉朝,"寿亭侯"是侯的名称。

这个误解由来已久。北宋时,洪迈在《容斋四笔》中就说,湖北荆门[1]玉泉的关将军庙,有"寿亭侯印"一方,直径四寸。洪氏指出这是后人的伪造,因为汉寿是亭名,既然铸印,就不应省去"汉"字。伪造此印的人显然是不懂历史的。

但一般人不懂历史,也还可说。据《明史·礼志》载,洪武二十七年,地方官在南京的鸡笼山建造关公庙,也称关羽为"汉前将军寿亭侯"。南京当时是明朝首都,在首都建关公庙,居然把名号弄错,而贵为天子的朱元璋也不曾发觉。直到嘉

---

[1] 荆门县即今荆门市。编者注。

靖十年(距建庙已一百三十七年)才由当地政府公开订正,改称"汉前将军汉寿亭侯"。明初的礼部老爷们也真够糊涂。不过,我们知道,朱元璋是农民出身,以一群农民而取得天下,那么,他们礼部老爷不知道"汉寿"是地名,"亭侯"是侯的一种,也就不足为奇了。

在汉代,列侯大者食县(收受一县的赋税),小者食乡、亭。汉献帝封曹操为费亭侯,就是这种亭侯。而汉寿则是地名。经后人考证,武陵郡有属县名汉寿,旧地在今湖南汉寿县北,正是关羽被封的地方。所以把汉寿两字拆开,是完全错的。

但还有一个误解,却是出于罗贯中的《三国志通俗演义》。这位小说家抓住那个"汉"字大做文章,煞有介事地又把关云长吹捧了一番:

> 却说曹操为云长斩了颜良,倍加钦敬,表奏朝廷,封云长为寿亭侯,铸印送与关公。印文曰"寿亭侯印",使张辽赍去。关公看了,推辞不受。辽曰:据兄之功,封侯何多?公曰:功微不堪领此名爵。再三辞却。辽赍印回见曹公,说云长推辞不受。操曰:曾看印否?辽曰:云长见印来。操曰:吾失计较也。遂教销印匠销去字,别铸印文六字:"汉寿亭侯之印",再使张辽送去。公视之,笑曰:丞相知吾意也。遂拜受之。

罗贯中为了突出关羽的"降汉不降曹",故意杜撰了这段情节,却不知违反了历史常识。后来到了清初的毛宗岗手里,他看出这个错误,就把这一段书删去了,还在评语里特别指出:"今人见关公为汉寿亭侯,遂以汉为国号,而直称之曰寿亭侯,即博雅家亦时有此,此起于俗本《演义》之误也……汉寿亭侯,犹言汉寿之亭侯耳,岂可去汉字而以寿亭侯为名耶?"

稗官小说不等于历史。假如属于艺术上的杜撰,小说家有他的自由。可是像"汉寿亭侯"这种爵位名称,还是尊重史实为好,我是赞成毛宗岗的意见的。

当人们还没有把曹操说成是奸臣之前,对于关羽兵败降曹,后来又回归刘备这件事,是既表扬了关羽,也赞许了曹操的。

赞许曹操的人,首先有注《三国志》的裴松之。他说:"曹公知羽不留,而心嘉其志,去不遣追,以成其义,自非有王霸之度,孰能至于此乎?斯实曹氏之休美。"

但自曹操被视为奸臣,而关羽却上升为"神圣"以后,"降曹"一事就变得不甚光彩了。于是民间艺人就来设法解决这个棘手的问题。

史书说:"建安五年,曹公东征,先主奔袁绍。曹公擒羽以归,拜为偏将军,礼之甚厚。"这段史实,艺人们觉得不好抹杀,也不能装作视而不见,但又须替关羽找个投降的理由,维持他那圣洁的形象。

什么理由呢?最主要的一点,就是说关羽"降汉不降曹"。

根据现有的材料,我们知道在元代的杂剧和元刊本《三国志平话》里,都已出现这个情节:关羽在降曹前,先向张辽提出三个条件。这绝不是偶合,而是说明了"有条件的投降"

之说，比杂剧和《三国志平话》出现得更早，很可能从宋代开始，就已由说书人创造出来，在民间流传开了。

在杂剧《关云长千里独行》里，关羽是这样对张辽提条件的："头一桩，我虽然投降，我可不降你丞相，我是降汉不降曹。第二桩，我和俺哥哥家属，一宅两院。第三桩，我若打听的俺哥哥兄弟信息，我便寻去，可不许你拦挡。"

《三国志平话》的这一节，写得虽然毛糙，内容还是一样。

稍后的《三国志通俗演义》不过把文字理顺了一下，内容也没有什么不同。不过《三国演义》还有更高明的一笔。它写张辽到土山上劝降时，关羽起初坚决拒绝，仍想拼死一战，不料张辽妙算在胸，反而指责他"死有三罪"。这三罪一是负了与刘、张同生共死的盟誓；二是使甘、糜二夫人失却依托，无人保护；三罪更大，说他没有为匡扶汉室作长远打算，却去轻生送死，逞其匹夫之勇，正是不忠于汉室。这一席话，说得关云长哑口无言，考虑过后，只好提出投降的三个条件了。

张辽这番话自然是罗贯中费力想出来的。他觉得把关羽写成一见张辽便立即提出投降条件，不但过于突兀，又显得关羽势穷力蹙，急要投降（只不过有条件），关云长的"忠义神圣"形象就难免大打折扣了。

罗贯中是考虑缜密，照顾周到的。不过这种苦心，目的只在替一位"神灵"涂上更光彩的金粉，又不免使人哑然失笑了。

"五关"踪迹何处寻

《过五关斩六将》这回书,写关云长保护甘、糜二夫人,从许昌出发到河北找寻刘备,一路上闯过东岭关、洛阳、沂水关、荥阳,到滑州渡过黄河,共杀了孔秀、韩福、孟坦、卞喜、王植、秦琪六员魏将。正是避我者生,挡我者死,小说家这支笔痛快得很。

这段故事莫说《三国志》没有,连《三国志平话》和元代杂剧都是不曾出现的。看来这是罗贯中的又一创造。他也许觉得千里迢迢投向河北,毫无拦挡,既不合理,也未免太寂寞了。

而毛宗岗还想得更远。他认为,曹操虽然不留关羽,还赠金赠袍,却吝惜一纸关文,不肯给予,这是故意让守关将士放手去杀他,"己则居爱贤之名,而但责将吏以误杀之罪,斯其奸不已甚欤!"原来还有这么一层深意。

这回书也算写得不坏,不过,人们也不能看得太认真,因为别的且不说,单说这五个关口,就奇怪得使人无从查考。那是小说家不大理会地理方位的缘故。

关羽出发的许昌,在今河南省中部,由此北上到黄河渡口的白马津(东汉属白马县,即关羽斩颜良,解刘延白马之围那地方),要经过尉氏、开封、封丘、长垣、滑县(今地名,均在河南省)。这一带地势平坦,并无高山大岭,用直线来画,大约是四百华里左右。

《三国演义》里的关羽是怎么走的呢?他过的第一关叫东岭关。查东岭关历史上本无其地,全是杜撰,且不说它,姑且说此关是在许昌之北吧;可是第二关就到了洛阳,洛阳在中岳嵩山西北,同许昌隔了一群大山,如果关云长当时是开什么"交流会议",有这个兴致,倒不妨绕个大圈子,瞻仰一下嵩山,然后再到洛阳去,但却要多走几百里路,他那时是不会有这个雅兴的。所以从这里就可以看出小说家不明地理位置,平白让关云长多走一大段冤枉路了。

第三关叫沂水关,更奇怪了。沂水是流经今山东省南部的大河,沂水县在山东省东南,隋代才有这个名称,关云长怎么忽然又跑到山东去了?

笔者思索了很久,才想到洛阳之东有个汜水县,春秋时代叫虎牢,战国时代叫成皋,隋代改为汜水县。吕布同诸侯大战于虎牢关,便是这个地方。"汜"音巳(sì),"沂"音夷(yí),读音相差不远,原来小说家把汜水关错弄成沂水关,害得关羽这一行人奔得更远了。

第四关是荥阳。荥阳在汜水之东,我们把沂水改正做汜水,这方位便对了。

第五关叫滑州。滑州当时确是在黄河南岸(金代明昌五年黄河南徙,以后滑州就不在黄河南岸),不过滑州也是隋唐才出现的名字,它原叫白马,旧县在今滑县之东。这里,小说家又把后代出现的地名提早让它在三国时代出现了。

罗贯中不知是怎么想的,平白叫关云长走这样一条迂回曲折而又毫无必要的路。

最妙的是明末武将卢象升——他早年与农民起义军作战,后来与入侵的清兵作战阵亡。他写过一首《过恨这关》诗。诗序云:"关夫子过五关,此其一也。相传有'勒马回头恨这关'之语,遂以为名。余剿寇信阳,闻郧中有警,星夜驰援过此。"诗云:"千古英雄恨这关,强分豫楚几重山。龙泉羽士嫌岑寂,鸟道征人叹往还。剑削芙蓉身欲奋,幽栖岩壑意仍闲。遐思壮缪当年事,历尽江山识岁寒。"恨这关在什么地方呢?看诗句,是在河南、湖北两省交界处。但查《地名大辞典》却没有。可能只是个土名,很少人知道的吧。然而,若说这关是"过五关"之一,那离开史实更远了。关羽到河北去见刘备,怎么反而跑到湖北去呢? 可见卢象升又是受民间传说的影响。

自然,一般人读小说,是不大计较地理方位的。管它什么东西南北,我又不是把它认真看待,你纠正它,未免太过认真了。是的,对小说不必过分认真;不过,说是微不足道的小事,倒也未必。写小说的人,总不能把北京移到广东,把哈尔滨搬往广西吧!

这里也不是故意给小说家找岔子,只是想借此提出,古代小说家不爱计较地理位置,往往东拉西扯,这不是个好的传统,今天有人要写历史小说,还是不要拿来作为借口才好。

关羽的四个戊午及其谥号

把小说里的故事当成历史真实,在一般人往往难免。不幸有些写诗的人也犯这个毛病。《随园诗话》就曾指出,有个叫崔念陵的进士,写诗责备关羽,说他不该在华容道放走曹操,留下大患。这便是混淆了历史和小说界限的例子。

华容道义释曹操一回书,全是小说家的虚构。开头,《三国志平话》只是说,关羽把守华容道,拦住曹操,"曹相用美言告云长:看操对亭侯有恩。关公曰:军师严令。曹公撞阵,却说话间面生尘雾,使曹公得脱。关公赶数里复回。"写曹操得救,似有神意,不关关羽故意卖放。到了罗贯中手里,为了突出关羽的义气,便说成有意释放了。这叫做层层虚构,越说离事实越远。虽则小说家有小说家的理由,无须多怪。

但还有一种不是小说虚构,而是另外一些人的捏造。从前有一本讲星相学的书,居然推算出关羽的生辰是四个戊午,即戊午年戊午月戊午日戊午时;又推算出张飞的生辰是四个癸亥。于是民间相传,农历五月十三日是关羽生辰,每年此日,关帝庙前演戏酬神,香火熏天,热闹非凡。这却是与《演义》无关的。

四个戊午之为无稽,早已有人指出。阎若璩《潜邱札记》说,关羽死于建安二十四年,大抵得年六十上下,假如生于戊午,便仅得四十二岁。显然不合。戊午是汉灵帝光和元年,这一年五月无戊午日。又是不合。古人出生只记年月日,不记时辰,说关羽生在戊午时,当时却无此记时习惯,后人从何得知?还有人指出,刘、关、张起兵在献帝初平元年,假如关羽生在戊午,只有十三岁,张飞癸亥生,则只有八岁;到初平三年,关、张已是别部司马。一个是十五岁少年,一个是十岁孩子,便官居司马,恐无是理。这些反驳都是很有力量的。

史实、小说虚构和神怪的捏造,本是三件不同的事,但三者往往给人混淆到一起来,而且不是只有三国人物才如此。我们看到一些研究小说人物及其作者的文章,仿佛也嗅到这种气息。

再谈关羽的谥号:

乾隆皇(弘历)下令编纂《四库全书》,曾多次下谕,嘱令馆臣按照"圣旨"办事。有一道谕旨这样写着:

> 关帝在当时力扶炎汉,志节凛然。乃史书所谥并非嘉名。陈寿于蜀汉有嫌,所撰《三国志》多存私见,遂不为之论定,岂得谓公?从前世祖章皇帝[1]曾降谕旨,封为忠义神武大帝,以褒扬盛烈;朕复于乾隆三十二年降旨加灵佑二字,用示尊崇……今当抄录《四库全书》,不可相沿陋习,所有《志》内关帝之谥,应改为忠义……其官板

---

[1] 即顺治帝。

及内府陈设书籍,并著改刊。

这是怎么回事?

原来《三国志》里记载关羽的谥号是壮缪。问题就出在"缪"字上面。乾隆帝以为,"缪"有错谬、诈谬的意思,谥法也有"武功不成曰缪"的说法,所以说它"并非嘉名"。于是他不仅追加美谥,连史书原来的谥号也必须一律追改。当然也就显示了皇帝的权威。

不过早就有人指出,"缪"同"穆"古代通用,秦穆、鲁穆在《孟子》都写作"缪",汉朝穆生,史书写作"缪",《左传》上的"穆"亦多作"缪",按照《周书谥法》:"布德执义曰穆。"穆有美、纯的意思,它是一个美名。所以乾隆帝这一改未免是多余的了。

虽说如此,皇帝的谕旨毕竟是权威的。笔者小时候读殿本《三国志》,就知道关羽谥号是忠义侯;而且忠义仁勇关圣帝君的庙宇,可说"遍地皆是",连一个普通乡村,有时是一条小街道,也建立了关帝庙,真可谓"血食天下"了。

古代对死去的大臣赐谥,自然是统治术之一种。帝王要求臣子们对他竭诚效劳效忠,对于认为合格的臣子,便赐以谥号,自然也是以美谥居多。不过改谥的也还有。像秦桧死时,居然谥为"忠献",忠是对皇帝忠心耿耿,献是贤人的意思。这是很美的名号,那便反映了宋高宗对他的看法;可是过了五十年,到宁宗时代,忽又翻转过来,改谥"谬丑"了。这同样是反映了皇帝的旨意,虽然秦桧的骨头早已化尽,因为毕竟对生人还起作用,改谥也就成为必要的了。

乾隆皇帝修改关羽的谥号，何尝不是出自维护本身王朝利益的私心！他对死了千余年的关羽，就那么爱护备至？这才难以使人相信哩！

孔另境《中国小说史料》引佚名笔记说："本朝羁縻蒙古，实是利用《三国志》（指《三国演义》）一书。当世祖之未入关也，先征服蒙古诸部，因与蒙古诸汗约为兄弟，引《三国志》桃园结义事为例。满洲自认为刘备，而以蒙古为关羽。其后入帝中夏，恐蒙古之携贰焉，于是累封忠义神武灵佑仁勇威显护国保民精诚绥靖翊赞宣德关圣大帝，以示尊崇蒙古之意。"这也是其中一个原因，同笔者上面的分析是一致的。

无处不在的关帝

中国之大，无奇不有。单说那神灵吧，名字之多，便可称世界第一。姜太公封神，那种种名堂，就叫人记不胜记，可是临到末了，他却忘了自己，于是后人就让"泰山石敢当"来给他定位，就是姜太公的神位。可知我国的多神教，正如韩信将兵，是多多益善的。

但是，在这许多神灵中，到底哪几位是"血食天下"，无处不有的呢？有人做过简略估计，一是关帝，二是观音。这话恐怕离事实不会太远。笔者的家乡，虽是僻处海滨，并无什么出色之处，却也有一间关帝庙，一处观音庙。有些较大的城市，关帝庙、观音庙都不止一处，而是好几十个大大小小的庙宇，并行不悖。

单拿北京旧城来说，明末有人做过统计，著名的关帝庙有五十一处；到了清代，关帝更受推崇，庙宇数目便增加到一百以上。还不包括城外郊区地方。

有些地方的关帝庙，还附祀岳飞，其中最有意思的，要算北京城内宣武街西的"双关帝庙"了。为什么会有两个关帝呢？原来此庙供奉的是关羽和岳飞。但民间传说，岳飞本来是关羽转世而生的,所以能"精忠报国",正因如此,关岳合祀的庙就叫做"双关帝庙"了。

北京旧城紧靠正阳门西侧城墙,有一间规模较小的关帝庙,神像是明代宫廷中奉祀的,因此很有价值,相传庙里的神签也最灵验,前去求签的人早晚不绝,香火极盛。据说庙里有三把大关刀,是城中三元刀铺在嘉庆十五年打造的,第一口刀重八十斤,第二口刀重一百二十斤,第三口刀重达四百斤。每年五月初九,刀铺还要专门派员举行磨刀之礼,礼仪十分隆重云。

关羽之如此得到尊崇,是和封建统治者提倡臣子要"忠",和老百姓为了生存发展,需要朋友之间的"义气",都有关系。从统治者来说,表现在对关羽封号的不断加温,由侯而王而帝。到清代乾隆年间,他的封号是"忠义神武灵佑关圣大帝",既"神"又"圣"又"帝",都是第一号的尊荣,他不"血食天下",那才怪呢。

更为奇怪的是,满洲人入关以后,对关羽的尊崇,竟是超过历代。《道咸以来朝野杂记》说:"满洲人家所供神祇,相传所供之神为关帝、马神、观音大士三神。"这大抵是受了《三国演义》的影响。据说,满洲人入关以前,有些将领把《三国演义》作为兵书来学习,并且运用颇为成功。那么,他们崇奉关羽,也就是顺理成章的了。

少有的毒辣文字——陈琳骂曹操

"陈琳之檄,可愈头风。"这是一个很有名的典故。

檄是一种古代文书,其作用有三:一是上级告示下级,二是官府晓谕百姓,三是我方声讨敌方罪状,这些文书都可称之为檄。

历史上最为人所熟知的檄文,恐怕要首推唐代骆宾王的《为徐敬业讨武曌檄》了,它是痛骂女皇帝武则天的,后来收在《古文观止》中,较易为人所见。其次是陈琳骂曹操的檄文,因为《三国演义》把它全文照录,所以也为较多的人所知。

这篇文章原载在《三国志·袁绍传》和《后汉书·袁绍传》中,萧统的《昭明文选》也收入了。《昭明文选》后来还加了注解,有兴趣的读者不妨取来参看。

写骂人的文章也要有本领,要搔得着痒处,要连被骂者也觉得你骂得够艺术,这就不是一件容易的事情。历史上,陈琳骂曹的檄文和骆宾王讨武的檄文都受到被骂者的赞赏,确实不简单。

陈琳的笔锋是犀利的,揭露曹操的罪状也相当狠辣,所以在当时就成为一篇传诵人口的名文。

文章最使曹操感到尴尬和恼火的,是下面两点:

第一是骂曹操的祖父和父亲,指出他祖父曹腾是个太监,同十常侍张让之流同是祸国殃民的角色。又说曹操父亲曹嵩原是姓夏侯的,由曹腾收为养子,是个不知来历的家伙。还骂曹嵩用了行贿的手段,才取得太尉的官职。骂人而骂及三代,原是够恶毒的。我们知道,袁绍号称"四世三公",门生故吏满天下,他便仗着这个招牌,向别人夸耀,也拿来招揽人才,争夺地盘。所以陈琳就先来个家世的对比,把曹操的出身说得一钱不值,以此压低曹操的气势。这是使曹操最为恼火的第一点。

其次是说曹操亲率兵士,到处挖掘人家的祖坟,掠夺其中的金珠宝贝。连汉文帝儿子梁孝王葬了近三百年,也被"破棺裸尸,掠取金宝"。又说曹操特置"发丘中郎将"和"摸金校尉",专责掘墓工作,以致"所过毁突,无骸不露"。这一骂又是够毒辣的。(《三国演义》评者毛宗岗也认为,"此等名色,乃时人呼之耳,非操所立也。今竟云操之特置,亦是深文。"很有见识。)我们都知道,汉朝是自称"以孝治天下"的,祖宗坟墓,神圣不可侵犯。挖掘祖坟的人,该是何等罪大恶极!陈琳这样揭发曹操,也可说是不留余地了。

其实发掘坟墓也不止曹操,当时袁绍的军士也一样到处掘墓,掠取财宝[1]。但有时又是为了战斗需要。例如魏国的郝昭,坚守陈仓城,诸葛孔明多方设法进攻,他也多方设法防御,使孔明无计可施。《三国演义》第九十七回曾记此事,材料

---

[1] 见《三国志·崔琰传》。

是从《魏略》取来的。《三国志·明帝纪》引《魏略》载郝昭病危时，对儿子说："我做将军，发掘过许多坟墓，是为了取其中的木头，做攻击和防御之用。因此知道厚葬是无益于死者的。我下葬时，只需用时服为殓，随便找个地方埋下便是。"这倒是非常老实的话。

至于陈琳说曹操杀害九江太守边让和议郎赵彦，以及严刑拷打太尉杨彪，"专制朝政，爵赏由心，刑戮在口"等等，还是比较次要的。当时的军阀，谁个不杀人呢？

《演义》说，这篇檄文传到许昌，"时曹操方患头风卧病在床。左右将此檄传进。操见之毛骨悚然出了一身冷汗，不觉头风顿愈，从床上一跃而起。"文章居然有如此疗效，却是怪事。不过《演义》也并非凭空捏造。《三国志·陈琳传》引曹丕的《典略》说："琳作诸书及檄，草成呈太祖（曹操），太祖先苦头风，是日疾发，卧读琳所作，翕然而起曰：此愈我病。"本来没实指哪篇文章，《演义》把它移用到骂曹操的这篇檄文上，真是太巧妙了。

一篇檄文自然骂不倒敌人，袁绍终于失败了，陈琳也只好投归曹操。照说，曹操是不会放过他的，但居然显得十分宽宏大量，只是说："你写檄文骂我不要紧，又何至于骂及我祖父和父亲呢？"当陈琳谢罪以后，居然还任用他做掌管文书的官。

你说曹操气量大么？不见得。因为曹操的气量有时也小得可以。说曹操在戎马干戈之际，故意表示一下宽宏大量，借此收买文士之心，似乎更合理些。因为在袁绍手下还有不少像陈琳这样的人物；曹操击败袁绍，取得冀州，冀州的人都要看曹操的一举一动。如今曹操连陈琳也能宽恕,其他的人当然就可以安心了。曹操这一着,是效法刘邦的"咬牙封雍齿,计安将士之心",狡猾得很。

荆州何以成为曹刘争夺的焦点

《三国演义》第二十八回写曹孟德煮酒论英雄的时候,刘备提到镇守荆州的刘表,说:"有一人名称八俊,威震九州——刘景升可为英雄?"曹操却说:"刘表虚名无实,非英雄也。"在《三国演义》里,刘表确实不见得出色,甚至给人以一种昏庸老朽的形象。这是因为在群雄角逐之际,他总是袖手旁观,并无赫赫战功,《三国演义》的作者就把他忽略了。[1]

其实此人是颇有来头,未可低估的;史家谈三国人物,也不能不谈到他。

刘表这人,成名较早。他是汉景帝儿子鲁恭王的后裔,在东汉末年太学生们反对宦官专权的斗争中他积极参加,同李膺、张俭、范滂等人,列名党籍,被称为"八及"或称"八顾"之一,在社会上已很有点名气了。后来党人斗争失败,宦官挟持皇帝的威力,大举反击,党人或死或逃,零落星散,刘表也流亡江湖之间。到黄巾起义时,解除党禁,他才投到大将军何进

---

[1]《三国演义》说刘表是八俊之一,其实记错了。刘表曾被列在"八及"中,又被列入"八顾"中,见《后汉书》本传及《党锢传》。

手下,当一名属官,但还是郁郁不得志的。

到了董卓入京,中原展开一场混战的时候,他的机会便来了。原来孙坚因破黄巾有"功",升为长沙太守,此人野心极大,趁着军阀混战,进军荆州,杀了刺史王叡,然后再引兵北上。荆州经这一乱,地方土豪恶霸就造反起来。当时董卓还挟持着皇帝刘协,他也知道刘表的名声,便派刘表继任荆州刺史。

那时道路不通,他手下又无兵马,仅带着几个随从,辗转来到宜城(今襄樊市[1]南),找到当地名流蒯良、蒯越等人商议。由蒯良、蒯越献计,以金钱作为诱饵,把五十五个拥兵作乱的土豪恶霸都引到宜城,然后伏兵齐出,全部杀个干净。这一来,蛇无头而不行,那些二三流的家伙,纷纷归顺。刘表就这样白手兴家,先后夺取州内郡县,北起襄阳,南到江陵,连成一片,形势十分有利。后来孙坚回兵围攻襄阳,又给黄祖射死,去了一个大患;张济死后,刘表又收容了张绣(张济侄儿),让他守住襄阳;然后挥兵南征,平了长沙、零陵、桂阳三郡。于是领土北自汉水,南接五岭,地方数千里,带甲十余万,俨然是个大国了。

当时的形势是:曹操、公孙瓒、袁绍、袁术、吕布这伙军阀,正在反复搏斗于黄河两岸;孙策初起于江东,自顾不暇;刘备屡战屡败,到处走投无路,刘表便成为举足轻重的人物。他如助袁攻曹,曹操便变成腹背受敌;他如谋求发展,孙策或刘璋都不是他的对手。可是刘表到底野心不大,又害怕

---

[1] 襄樊市即今襄阳市。编者注。

战争破坏,于是实行"闭关息民"政策。史书说:"初,荆州人情好扰,加以四方震骇,寇贼相煽,处处麇沸。表招诱有方,威怀兼治,其奸猾宿贼,更为效用,万里肃清,大小咸悦而服之。关西、兖豫学士,归者盖有千数。表安慰赈赡,皆得资全。遂起立学校,博求儒术,爱民养士,从容自保。"[1]由初平元年(公元190年)到建安十三年(公元208年)他病死止,荆州保持了十八年的安定,这对于当地的老百姓,不能不是有一定功劳的。他对知识分子也带来了一些好处,只要看许多有才有智的人士,如诸葛亮、徐庶、庞统、司马德操、王粲、桓阶等人,都集中在荆州,便可知当时荆州是个"避乱的桃源"了。[2]

然而荆州号称"四战之地",在强敌四迫之时,刘表却去讲求儒术,撰定五经章句,这种太平麻痹思想终会招来不幸。正如宋太祖说的:"卧榻之侧,岂容他人鼾睡?"所以曹操于击破袁绍,平定辽东以后,立即觊觎荆州,挥军南下,杀向襄阳了。刘表即使不死,肯定也不是曹操的敌手。他收容了刘备,却令到他"髀肉复生"(多年都不骑马打仗了),其他将士的情况也可想而知。古语说"宴安鸩毒",这也是个例子。

但毕竟地方平静了近二十年,在这一段时间中,荆州养育了不少人才。这些人才,一小部分跟随了刘备,其中最出色的便是"卧龙""凤雏",武将还有黄忠、魏延;大部分在曹操夺

---

[1] 见《后汉书·刘表传》。
[2] 晋人郭颁《代语》说:"表死后八十余年,晋太康中,冢见发,表及妻身形如生,芬香闻数里也。"虽是荒诞之说,也可见荆州人对刘表是保持好感的。

取荆州后归了曹操。他们在魏、蜀两国都产生了或大或小的影响。

这恐怕是刘表始料所不及的。

定三分隆中決策

二人叙礼毕，分宾主而坐，童子献茶。……
"将军既帝室之胄，信义著于四海，
总揽英雄，思贤如渴，
若跨有荆、益，保其岩阻，西和诸戎，南抚彝、越，
外结孙权，内修政理；
待天下有变，则命一上将将荆州之兵以向宛、洛，
将军身率益州之众以出秦川，
百姓有不箪食壶浆以迎将军者乎？
诚如是，则大业可成，汉室可兴矣。"

孔明是为了阿斗而出山——"隆中对"闹剧

古代民间艺人,往往有他自己的一套社会思想和历史观点。有时,新鲜得令人可惊;有时,又幼稚得使人发笑。

元代杂剧写诸葛孔明在南阳草庐中对刘备说的那番话,就是一个绝妙的例子。

谁都知道诸葛孔明在刘备三顾草庐时,分析了一番天下大势,这就是著名的"隆中对"。《三国志》早已详细记载,《三国演义》也是照抄不误的。孔明的分析认为曹操"已拥百万之众,挟天子而令诸侯,此诚不可与争锋;孙权据有江东,已历三世,国险而民附,贤能为之用,此可以为援(意指联合)而不可图也"。主张刘备先夺取荆州,再占领巴蜀,形成鼎足分立之势,然后等"天下有变",再挥军北上,消灭曹操,"则霸业可成,汉室可兴矣。"

这是何等高瞻远瞩,成竹在胸!

然而到了元代的民间艺人手里,这篇著名的《隆中对》,却别开生面,变成一个占卜先生的数学玩意了。

有一本元代无名氏的杂剧《博望烧屯》,开头是这样写的:

刘、关、张三人第三次到卧龙岗拜访诸葛，总算是见着了；可是任凭刘备怎么求告，诸葛都不肯出山。他道："我其实当不的寒，济不的饥，便请下这个卧龙岗做甚的？"气得张飞破口大骂："你若不随哥哥去，将火来，我烧了你这卧龙岗。"可是诸葛还是推辞："贫道断然去不的。"这真叫做"山重水复疑无路"，刘、关、张三人简直毫无办法。

正在陷入僵局之际，不料门外忽然闯进来一个赵云，自称"奉命镇守新野，谁想甘夫人生一子，主公不知，某亲自去卧龙岗报喜去"。当赵云报告了这个喜讯，刘备还来不及反应，诸葛孔明便立即改变主意，答应出山了。刘备十分惊奇："师父为何便下山去？"孔明答道："不然，我观玄德公喜气而生，旺气而长，我所以下山去也。"原来孔明愿意出山，乃是刘阿斗带来的好运气！

下面便是出人意外的"隆中对"：

"曹操七十二郡，按着天时之地；孙权现居江东八十一郡，按着九数，乃地利之方。"七加二、八加一，都是九数，原来在《周易》里这是阳爻，他们都是应运而生的。这位戏剧家居然还懂点卦理，真不简单。

那么，刘备又怎么样？孔明说："吾观玄德公可住西蜀也。"为何要住西蜀？孔明说："西川五十四州。五见四，也是个九数，是人和之地。便好道天时不如地利，地利不如人和。"

于是刘备大喜道："吾师真乃是通神，喜杀孤穷霸业人。锦绣江山十万里，今日个茅庐一论定三分。"

这位戏剧家居然把一场严肃的政治对话，变成了一场儿戏。读了以后，真使人有哭笑不得之感。

《隆中对》有蓝本

由于《三国演义》的普及作用,诸葛亮在刘备三顾草庐时,对刘备分析天下大势,说了一番很有预见的话,史家称为《隆中对》,是许多人都读过的。

可是读过《隆中对》的人却未必知道,早在诸葛亮说这番话之前——差不多两百年,就有人说过类似的话。此人也是分析当时的天下大势,那见解和诸葛亮如出一辙。也可以说,诸葛亮的《隆中对》有个蓝本。

是历史上有趣的巧合,是英雄所见略同,还是诸葛先生早已读过那位先辈的文章,拿来照搬一番?读者不妨自己下个判断。

先说前一段故事:

那是王莽篡汉以后,政治措施乖谬,引起天下大乱,群雄并起。其中有个叫公孙述的人,在蜀郡临邛做太守,乘乱占据西蜀地区,自称蜀王,有东向争天下的大志。

那时王莽已死,更始自称为帝,刘秀正在中原扩大势力范围。公孙述手下有个功曹叫李熊,向公孙述献计道:

今山东饥馑，人庶相食，兵所屠灭，城邑丘墟。蜀地沃野千里，土壤膏腴，果实所生，无谷而饱。女工之业，覆衣天下。名材竹竿，器械之饶，不可胜用。又有鱼盐铜银之利，浮水转漕之便。北据汉中，杜褒、斜之险；东守巴郡，拒扞关之口；地方数千里，战士不下百万。见利则出兵而略地，无利则坚守而力农。东下汉水以窥秦地，南顺江流以震荆、扬。所谓用天因地，成功之资。今君王之声闻于天下，而名号未定，志士狐疑。宜即大位，使远人有所依归。

公孙述已经据有西川，所以李熊只就西川形势说了上述这番话。

《隆中对》的蓝本既是王莽篡汉时的公孙述的功曹李熊献计，我们不妨再读诸葛亮的《隆中对》：

荆州北据汉、沔，利尽南海，东连吴会，西通巴蜀，此用武之国，而其主不能守，此殆天所以资将军，将军岂有意乎？益州险塞，沃野千里，天府之土，高祖因之以成帝业。刘璋暗弱，张鲁在北，民殷国富而不知存恤，智能之士思得明君。将军既帝室之胄，信义著于四海，总揽英雄，思贤如渴。若跨有荆、益，保其岩阻，西和诸戎，南抚夷越，外结好孙权，内修政理，天下有变，则命一上将将荆州之军以向宛、洛，将军身率益州之众出于秦川，百姓孰敢不箪食壶浆以迎将军者乎？诚如是，则霸业可成，汉室可兴矣。

两段话对照着看是很有趣的。

都是说益州是富庶之地,沃野千里,天府之国,可以成为最好的根据地。又都说有了这根据地便造成有利形势,进可以攻,退可以守。又都说用兵之势是北出三秦,东向荆扬,"用天因地,成功之资","霸业可成,汉室可兴"。其中所差异的,不过刘备要占有荆州,再据巴蜀,而公孙述却先巩固益州,再图荆、扬而已。

李熊献计是在公元24年,孔明《隆中对》是在公元207年。你说孔明有没有从文字记载中看过李熊这段话?

英雄所见略同自然也是有的,但以孔明的自比管仲、乐毅来看,他不会没有留意李熊这一番话。

诸葛孔明伪诗

故事有真有假,内容真假混杂的《三国演义》,因为流传广远,妇孺皆知,造成了许多以假作真的误解,从前已有不少学者指出,近年也有专书议论。笔者在此也想补谈一笔,是《三国演义》三顾草庐一回书中诸葛亮和其他人物口吟的诗句。

《三国演义》写刘玄德第三次光顾草庐,孔明高卧室中,尚未起床,过了多时,孔明醒来,口吟诗曰:

大梦谁先觉?平生我自知。
草堂春睡足,窗外日迟迟。

小时候读此诗,以为必是诸葛孔明之作,熟记心中,不料年纪大了,多翻几本书,才知道这又是小说家的伪造。

向来传世的诸葛亮诗只有一首,最早见于唐欧阳询等辑录的《艺文类聚》第十九卷,题作《梁甫吟》。宋人编的《乐府诗集》也收入。因为陈寿《诸葛亮传》说"亮躬耕陇亩,好为梁父吟"。有这记载,所以《艺文类聚》收录此诗,多数人也认为是孔明的惟一诗作。不过也有人怀疑,指出诗中赞扬晏子"二桃杀三士",与孔明思想抱负全不对头。虽然自明代以来,编辑《诸葛亮集》的人都收了此诗,而近人逯钦立辑校的《先秦汉魏南北朝诗》独收入无名氏中,可见他不相信《梁甫吟》是孔明所作。笔者也认为伪作成分很大。

但即使承认《梁甫吟》是孔明的作品,也是他仅有的一首而已。《三国演义》却忽然冒出"大梦谁先觉"来,有没有根据?没有。显然这是罗贯中的杜撰。

罗贯中不止伪造这一首,刘玄德二次造访卧龙岗,途中遇见黄承彦,黄吟诗一首云:

> 一夜北风寒,万里彤云厚。
> 长空雪乱飘,改尽江山旧。
> 仰面观太虚,疑是玉龙斗。
> 纷纷鳞甲飞,顷刻遍宇宙。
> 骑驴过小桥,独叹梅花瘦。

在所有古籍中,从来没有说黄承彦写过什么诗,这是一层。再则,诗中的"玉龙斗""鳞甲飞"云云,正是从北宋人张元的咏雪诗"战罢玉龙三百万,败鳞残甲满天飞"而来,可知罗贯中是盗用了宋人的诗意,却又把它放在三国人物头上去了。

不止此也。书中颍川石广元、汝南孟公威、诸葛均以及农夫口中唱出的歌,也无一不是小说家所自撰。

真真假假的《三国演义》藏下许多陷坑,不单故事如此,诗歌同样如此。至于罗贯中不收录《梁甫吟》,硬要杜撰这首"大梦"诗,也许是出于艺术描写的需要吧。

果真"如鱼得水"吗——刘备与孔明的关系

不论《三国志》还是《三国演义》,都记载过刘备这句话:"孤之有孔明,犹鱼之有水也。"两人的关系当然是十分亲密的;而且刘备自得孔明以后,确是北拒曹操,西收巴蜀,东连孙吴,取得很大的胜利,从此基本上结束了南北流亡或依人篱下的生活。

但"如鱼得水",并不就等于言听计从。孔明虽然是刘备的军师,刘备有许多事情是听他的,可是刘备却不像后来刘禅那样,放手任孔明行事。刘备有他自己的一套想法和做法,常常不肯听孔明的劝告,自己一意孤行。

这有事实根据吗?有的。举两个明显的例子吧。

赤壁之战以后,孙、刘两家分了荆州,刘备认为地盘狭小,无法发展。建安十五年,刘备亲自到京口(今镇江市)见孙权,要求孙权让出荆州部分地方,由他都督荆州。这正是单身入虎穴。孔明劝谏刘备,认为此行颇有危险,不如莫去。但刘备不听。果然周瑜和吕范都劝孙权留住刘备,不让他走。幸而孙权没有答应,才使刘备得以脱身。《江表传》记载此事说,有一回,刘备问庞统:我到东吴时,听说周瑜曾劝孙权把我留住不放,有此事吗?庞统答:实有其事。刘备这才叹息说:当时孔明也劝阻我。如今看来,实在是太冒险了。[1]

这是在大问题上刘备没有听从孔明的例子之一。

吕蒙计袭荆州,关羽兵败被杀。刘备登位之后,立即便要东征孙权,为关羽报仇。当时"群臣多谏,一不从"。[2]赵云和秦宓也谏,亦不从。[3]史书没有说诸葛孔明也谏,但也没有说他曾经赞成。当时诸葛孔明是持什么态度呢?《三国志·法正传》有这样一段:"章武二年,大军败绩,(刘备)还住白帝。亮叹曰:'法孝直(法正)若在,则能制主上,令不东行;就复东行,必不倾危矣。'"这是痛惜法正早死,没有人能说服刘备,那便可知当时孔明是不同意刘备征吴的,否则就不会说出这句话了。

举倾国之兵,东征孙吴,那是何等大事!然而就在这最重要的问题上,刘备却一意孤行,谁的话都听不进去了。更令人奇怪的,刘备征吴,却不带孔明这个"天下军师",其中内幕不是颇可寻味吗?"水哉水哉!何取于水也!"这句老话可以换一个意思移用过来了。

"如鱼得水"云云,是要打折扣的。

其实,类似的见解,在明末思想家王夫之写的《读通鉴论》里,早就说到了。王夫之指出:刘备是"终欲自王(称王),雄心不戢,与关羽相得耳。故其信公(诸葛)也,不如信羽"。他

---

[1]　见《三国志·庞统传注》。

[2]　见《三国志·法正传》。

[3]　见《三国志·赵云传注》,又《秦宓传》。

以为,假如刘备像相信关羽那样相信孔明,听从赵云的劝谏,不去征吴,再趁曹丕初篡,人心未固之时,联结东吴,进军中原,那时,蜀国力量尚全,锐气正盛,即使未能灭魏,又何至于使蜀军精锐全丧在猇亭,而不让英雄们的鲜血洒在许昌、洛阳之间呢?这真是千秋的遗憾啊!

王夫之的见解,应该是正确的。

不值得同情的徐庶

徐庶出场时,自称姓单,名福。《三国演义》是这样介绍的。

其实徐庶只是改名,并未改姓。《魏略》说他"本单家子",是出身单寒(寒微),并非高门大族之意。解为"姓单人家之子",《三国演义》作者未免望文生义了。

此人少年任侠,曾替人报仇,失手被擒,同伙大闹法场,把他解救出来。从此改变宗旨,折节读书,在荆州结识了诸葛亮。刘备屯驻新野时,他去见刘备,又向刘备介绍诸葛亮,于是就有"三顾草庐"这一幕。

但他离开刘备,投向曹操,却并不如《三国演义》说的那么光彩,也并无"走马荐诸葛"之事。他早就向刘备推荐孔明,不是等到临走之时。

《三国演义》说是曹操迎来徐母,请徐母写信召唤徐庶。徐母痛骂,砚击曹操。于是程昱献计,伪造徐母一信,招引徐庶。徐庶为了"忠孝不能两全",只得辞别刘备,投曹去了。在这里,《三国演义》塑造了一个徐母,正气凛然,颇为成功。

然而事实却是,建安十三年曹操南征刘表时,刘琮军前投降,刘备措手不及,由樊城南走,曹兵穷追不舍。半路上,徐母为曹兵捉获,于是徐庶就向刘备告辞。他是在刘备最最狼狈的时候,为了"尽孝",而辞刘归曹的。"走马荐诸葛"是小说家为了安排故事情节而加插的,其实那时诸葛已由刘备敦请出山了。

《三国演义》让徐庶在庞统献连环计时再露一面,是顺笔添上去的,正史没有记载。此后便不再提及。而正史却说:徐庶在魏文帝(曹丕)时,官至右中郎将,御史中丞,诸葛亮闻知此事,颇为慨叹地说:"徐元直只当上这个官吗?"言下之意,是委屈了他的。不过其他事迹亦无可考。[1]

《三国演义》对徐庶固然有维护之处,但却安排了徐母痛责儿子和自缢身亡的情节,这又颇有"春秋笔法",不单为了徐母的形象了。

徐庶不去投曹,徐母未必便死。因为在曹操来说,那时还要与刘备、孙权争夺天下,为了收罗人才,他是不肯胡乱杀一个在对手幕下工作的人的母亲,以免引惹许多人的反对的。他毋宁还会有意优待徐庶的母亲,以便获取爱贤的名声。陈宫的事也可以为证:

《三国志·吕布传》有一段记载:"太祖之擒宫也,问宫欲活老母及女不?宫对曰:'宫闻孝治天下者不绝人之亲,仁施四海者不乏人之祀。老母在公,不在宫也。'太祖召养其母终其身,嫁其女。"

徐母之死,是《三国演义》作者创造性的安排,含意可谓

---

[1] 见《三国志·诸葛亮传》引《魏略》。

元直走马荐诸葛

痛恨高贤不再逢,
临岐泣别两情浓。
片言却似春雷震,
能使南阳起卧龙。

深刻。

所以《三国演义》虽然强调徐庶尽孝,那形象还是很不光彩的。

直到民国初年,有个叫周大荒的,写了一本翻案的《反三国志》,才替徐庶吐一口气。此书一开头就写徐母被曹操软禁,徐庶忙不迭地投曹,路过水镜先生,水镜先生识破曹操伪造徐母书信的狡计,劝徐庶不可上当,徐庶才留下来。再由诸葛亮派赵云假扮商人,混入许昌,救出徐母,母子得以团圆。此后,徐庶就在刘备左右当上军师。这个翻案,可说是挽回徐庶的面子了。

再说罗贯中这样来塑造徐母,也有历史根据,其原型就是楚汉战争时代王陵的母亲。

王陵是刘邦的同乡,身为沛县土豪,秦末大乱,他率领数千人占据南阳。刘项争天下时,他投到刘邦旗下,颇立了些战功。项羽为了把王陵招降过来,就派人到沛县逮捕王陵母亲,再派人向王陵示意。王陵又急又怕,派使者进见项羽,希望互相谅解。不料王母却私下对使者说:"愿为老妾语陵,善事汉王。汉王长者,毋以老妾故,持二心。妾以死送使者。"遂伏剑而死。此事《史记》《汉书》都有记载。

王母既死,王陵从此就坚决追随刘邦,刘邦统一天下后,他被封为安国侯。以后,王母伏剑的故事便成为小说家歌颂的题材。如今人们在敦煌文献中还发现一种《汉王陵变文》,说的正是这个故事。

变文是唐代出现的用说唱形式来讲历史故事和佛家故事的通俗文学。《汉王陵变文》敷衍的便是王陵及其母的事。

内容大意说，王陵和灌婴带领汉兵深夜潜入项羽军中斫营，杀死楚军数万。项羽大怒，把王陵母亲拘来，逼她召唤儿子弃汉归楚。王陵派使者去见，王母就在项羽面前，用剑自刎而死。这个故事，在民间长久流传，成为说书人的热门题材。

罗贯中正是受到王母伏剑故事的启发，在撰写《三国演义》时，把它化用到徐庶投曹故事中去，那手法实在巧妙得很。

第一流武将——赵云

论三国时代的武将,赵云说得上是第一流人物。

他是常山真定县(今石家庄市之北)人。后汉群雄并起时,他由郡人推举,带一小队地方武装,投入公孙瓒麾下。就在公孙瓒处遇见刘备,两人一见如故,从此结下深交。

他看见公孙瓒是个不能共图大事的人,就借口兄长去世,还乡去了。后来袁绍消灭公孙瓒,刘备又投入袁绍幕下,赵云于是追随刘备,成为刘备的主骑。[1]在所谓"贤臣择主而事"这点上,他是颇有眼力的。

由于他是负责警卫工作,在刘备大败于当阳长坂时,他就有保卫甘夫人和刘阿斗的责任。[2]他出生入死,终于保全了甘夫人和后主,立下汗马功劳。后来,孙权把妹子孙夫人嫁给刘备。孙夫人带来的一批东吴吏卒,骄横不法,连刘备也无

---

[1] 事见《三国志·赵云传》注引《赵云别传》。主骑,应是马军卫队长之类,不属于朝廷的正式官员。

[2] 《三国演义》说糜夫人在当阳之战中死去,但史无记载。她死于何时,无可考查。糜夫人是糜竺的妹子。

可奈何,于是特派赵云主持"内事"(管理内部事务),使东吴吏卒不敢再肆无忌惮。

孙夫人还吴,把阿斗也挟带走了。赵云同张飞拦截长江,夺回阿斗,又立下一次大功。

他生平处事谨慎,考虑周到。平定桂阳(今湖南郴县)时,桂阳太守赵范被迫投降,却摆了个美人计,要把寡嫂樊氏嫁给赵云。当时有人好心劝他接受。赵云却说:"赵范被迫投降,其心难测。天下美妇人不少,何必找这麻烦。"后来赵范果然逃走,赵云却丝毫不受牵累。

还有一件事:他在博望坡同夏侯惇作战时,生擒了夏侯兰(《三国演义》说夏侯兰被张飞一枪刺死,那是小说家的虚构[1])。原来夏侯兰同赵云是"总角之交",从小相识。赵云便禀告刘备,免了夏侯兰一死;又知他对法律很有研究,更举荐他做军正(军法官),却为避免嫌疑,又不把他放在自己的手下。

这两件事都可见出赵云的细心。

赵云在大原则上更是把握得很紧。刘备平定益州时,许多人都建议把成都的住宅和城外园地桑田分赐有功将士。独有赵云反对。他说:"从前霍去病说过:匈奴未灭,何以家为?国贼曹操尚在,我们理应淬砺奋发,力求进取,绝不是享乐的时候;而且益州人民饱受战争痛苦,也应把田宅归还给他们,使他们安居乐业才是。"这种见识,比之"老子出生入死,为的是什么来着"的人,相距何止千万里!

再有一件事,更可以看出他能从大处着眼。那是在关羽

---

[1] 见《三国演义》第三十九回。

赵云截江夺阿斗

昔年救主在当阳,
今日飞身向大江。
船上吴兵皆胆裂,
子龙英勇世无双!

兵败身死以后,刘备痛恨孙权,倾全国之力,要讨伐东吴。赵云当时苦谏说:"国贼是曹操,不是孙权。如果先灭了魏,孙权自然归服,不用再烦刀兵。现在曹操虽死,曹丕却篡汉自立,这正是我们激励人心,伸张正义的时候。应该早日进攻关中,占据河、渭上流险要之地,关东(指函谷关以东地区)义士,一定起来响应。若与东吴开战,兵势一交,不能马上解决,得利的只是曹丕罢了。"这一番分析,真是明白犀利。可惜刘备不听,卒至兵败身死。

街亭之战,是魏、蜀以后局势顺逆的一大关键。诸葛孔明亲率大军进攻祁山,令马谡为先锋,而令赵云、邓芝率领少数兵力,虚张声势,由斜谷进兵。原来由斜谷进入关中路近,而由祁山一路,却远了好几百里。孔明是想来一个大迂回,出其不意,直捣长安之背。魏方主将曹真以为蜀兵主力都在斜谷,于是亲统大军迎截。赵云兵少,当然无法前进;不料马谡在街亭惨败,蜀军主力被迫后退,损失重大。独有赵云、邓芝全师而还,兵将毫无损失。这种勇敢镇定,也是人所难及的。如果孔明有知人之明,把马谡和赵云对调一下,也许以后的局面就大不相同了。然而非常可惜,大抵连诸葛孔明也认为赵云不过是个卫队长出身,不能独当大任,所以宁可用了马谡。后汉时代,门阀制度依然根深蒂固,连贤如诸葛也是难以避免的。

关于赵云的勇猛,《三国演义》有许多夸张。在文艺作品中,这是容许的。上面所说,却都是根据史书的记载。史书自然难免有溢美之词,但也不可能太离谱。赵云的事迹,还是大体可信的。

他真不愧为武将中第一流人物。

一群大显身手的青年

辛弃疾有一首《南乡子》词,其中说:"年少万兜鍪,坐断东南战未休。"指的是东吴的孙权。孙权在建安十三年(公元208年)赤壁之战的时候,只有二十七岁,真可以当得起"年少万兜鍪"的赞语而无愧。

赤壁之战是三国分立的开始,在我国历史上是一条时代的分界线。那么,在这一年,其他几个著名人物又是多大岁数呢?

这可以从《三国志》的记载里推算出来。

原来赤壁鏖兵,是一群青壮年英雄人物意气风发、大显身手的年代。

鼎鼎大名的诸葛亮,那年只有二十八岁,比孙权仅仅大一岁,称得上是"季子正年少"了。

"凤雏"庞统于建安十九年围攻雒城时战死,死时三十六岁,那么他"献连环计"的时候,只有三十岁。

周瑜年纪略大些,也不过是三十四岁的人罢了。

鲁肃比周瑜长了几岁,那一年他的尊庚是三十七岁。

吕蒙却又年轻些,不过三十出头。

而刘备蹉跎半生,不知不觉已是"人到中年"了,他是四十八岁。

赵云年纪虽不可考,此时也已年近四十。这从他前此十七年就投奔公孙瓒一事,略可推知。

三个最高统帅之中,只有曹操年纪最大,他生于汉桓帝永寿元年(公元155年),至建安十三年(公元208年),已经五十四岁了。

再说,那时还远在西凉的马超,年纪也不大,是三十四岁的壮年。

还有个吕布,他在舞台上年少英俊,白面无须,手中方天戟,纵横驰骋,英勇无敌。舞台上虽然不曾出现真马,也能想像那匹日行千里的赤兔,是如何神骏。

舞台上的三国戏,许多人物的扮相已是定型了的:孙权长了一大把胡子,似乎同曹操年纪不相上下;诸葛亮更不像个不到三十岁的青年小伙子;反而周瑜显得最年轻,是一群人中的小弟弟。其实,那是几百年前舞台艺人们根据他们的艺术要求来塑造的,同历史上的真实人物出入很大。自然,我们今天也不必苛求。

但假如人们要编新三国戏,这些不太合理的扮相和脸谱是不是可以打破?却不妨加以研究。

赤壁之战纵横谈

赤壁之战,在历史上本来就是一场惊天动地的大战。直至今日,兵家也还举为以弱胜强的战例。写三国故事的小说家自然不放过这个描写夸张的好机会。《三国演义》写到此处,真是花团锦簇,好看极了。

但我们须首先看看当年的历史。

一、刘备穷途末路

在后汉末年的群雄角逐中,刘备是条件最差的一个。论家世,远不如袁绍、袁术;论武术,远不如吕布、孙策;论智谋,也远不如曹操;他又不像孙权有个比较稳定的根据地。他以一个县令起家,是最低微的出身,但即使县令也不安于位。他东奔西走,先后依靠过公孙瓒、田楷、陶谦、曹操、袁绍、刘表,二十多年间,还没有获得尺地寸土。建安十二年,曹操大军南征,刘表病死,刘琮投降,他带着十多万人(军民老少都在其内)向南退走,又在当阳长坂被曹军追上,连妻子都顾不上,一直逃到夏口,才同关羽的水军会合。狼狈到这个地步,别人都认定他从此一蹶不振,没有希望了。

东吴人写的《江表传》就有这样的说法:刘表死后,鲁肃奉孙权之命去见刘备,两人在当阳相遇。鲁肃问刘备今后的行止,刘备说:"我从前同苍梧太守吴巨是老朋友,如今想去投奔他。"鲁肃指出吴巨是个庸人,而且苍梧僻在南方(苍梧郡治即今广西梧州市),岂是托足之地?不如同孙权联合,还大有可为。刘备非常高兴,就派诸葛亮到东吴谈判。

刘备真要向苍梧去吗?那肯定是一条绝路,诸葛亮等人也一定不会同意。所以《江表传》的记载未必可信。不过由此可知刘备当时处境的险恶已到了何等地步。

二、曹操却"消化不良"

但此时却应着一句老话:"物极必反。"曹操吃得太饱了,患上了"消化不良"之症;而刘备和孙权,却非死里求生不可。形势的潜移默化是非常微妙的。

为什么说曹操患了"消化不良症"?

荆州是个大州,不要说长江以南那部分,就说在江北的地区吧:北面南阳、新野、襄阳,都属南阳郡,辖地有现在河南南部、湖北北部和陕西南部地方;东面的江夏郡,辖地有现在湖北东部地方;西面的南郡,辖地有现在湖北中部和西部地方,合起来相当于两个省。加上刘表统治荆州十八年,没有参加其他军阀的战争,因此人口繁盛,人才集中,地方富庶,物资积蓄。在曹操看来,它简直是一大块肥肉。

使曹操料想不到的是刘表一死,刘琮就投降了,真是不费一兵一卒。

再有奇怪的是,那位刘皇叔竟然"携民渡江",连军带民,包揽了十余万口,拖男带女,每天走路不到二十华里。本来可以打一两仗的,为此也就束手无策,一直逃到夏口去了。

这样一来,曹操就不能不吃到"消化不良"了。他要分兵占领大片土地,要收罗寄住荆州的各种人物,要抢夺大批物资,要建立曹家的新秩序,如此等等。他不暇再去追击刘备,也就不暇计较孙、刘的联合;而且,又给这种容易的胜利冲昏了头脑,认为从此大势已定了。再加上手下将校士卒,乘战胜之威,抢掠金银财宝,甚至收藏妇女,一个个变成小财主。他们的士气已经全部化成"归心似箭",要回乡享乐去了。总之,在物质上,在精神上,曹操及其手下都已处在"胀满"了的状态。

三、"祸兮福之所倚,福兮祸之所伏"

在刘备方面,已是走到悬崖绝壁,他是抱着"战亦死,不战亦死",不如一战而死的决心。孙权方面,眼见曹操声势汹汹,下一步必然轮到自己,若不与刘备联合,江东自然难保。投降他不甘心,只能全力一战。这时孙、刘两家,仿佛是"背水为阵",已无退路了。

所以在赤壁之战前夕,表面上,曹操乘战胜之威,以数十万大军,压到长江,胜利大有把握。但他不知道形势已在暗中发生变化:自己方面的优势,因荆州的意外得手而大大削减;反之,敌人方面的劣势,却由于紧密团结和拼死抵抗的决心而转为优势了。

古语云:"其进锐者其退速。"这种矛盾对立的转化,自然不是当时因胜而骄的曹操所能料及的。

赤壁之战,终于奠定了"三分之局"。刘备得到一块较好的地盘,结束了飘荡随人的生活;孙权也取得一块新地区,大大巩固了江东。这就是《老子》说的:"祸兮福之所依,福兮祸之所伏。"

四、天时、地利、人和不在曹操这边

由上文可知,人和不在曹操这一边。而同时,天时、地利也不在曹操这一边。

当年曹操南征刘表,刘表新死,刘琮在襄阳投降,于是曹操用轻骑急追刘备,刘备向南撤退,在当阳长坂一带遇上曹军,被杀得七零八落,便同孔明一干人向东退却,退到樊口(今湖北黄冈县[1]长江对岸),商议同东吴联合拒敌。而关羽则另率一军驻在夏口(今武汉市)。

但是曹操不是向东追击而是向南直进,他以为先占领江陵是最重要的,因为江陵积有大量粮食军械。这样一来,曹操大军就集中在江陵一带,反而让刘备有喘息之机了。

由江陵东面直到夏口西面,沿着长江北岸有几百里宽横的一个沼泽地带,这个地带人烟极为稀少,道路不通,大船进不去,军马不能驻扎,兵家叫做死地。曹操无法从陆路进击孙刘联军(除非他返回襄阳,另从桐柏山之南向随县一线南

---

[1] 黄冈县即今黄冈市。编者注。

下),于是就走水路。

这一带的长江是非常曲折的,而且北岸是刚才说的沼泽地,南面又有东吴军队把守,于是曹军只好沿着长江,进到赤壁。

赤壁有几处,近代史学家多数认为赤壁之战的赤壁是在今武昌之东的金口附近。曹军当时也占领了长江南岸一些地方,不料才一交战,就吃了败仗,只好退到江北。于是两军就在赤壁附近相持。

曹军不能在南岸展开,就注定了要失败,因为二三十万大军,一部分在船上,一部分在江北,而江北却是大片沼泽地,只能局促江边一线,真可说进退两难。

地形对曹军不利,对孙刘联军却有利,不料还加上天时也不肯帮助曹操,刚好凑合一阵东南大风,于是黄盖一把火烧起来,曹操水军首先崩溃,陆军也受牵连。因为地形限制,队伍展不开,而且岸上营寨也已着火,敌军一压,无从抵抗,便势成溃退了。

但是沿江而退是不行的,只能向后。向后却是大沼泽地,结果就像《资治通鉴》描写的:"操引军从华容道步走(由江边通到华容的路,向江陵最近),遇泥泞,道不通,天又大风,悉使羸兵(弱卒)负草填之,骑乃得过。羸兵为人马所蹈藉,死者甚众。""操军兼以饥疫,死者大半。"这场仗于是以曹操惨败告终。

曹操犯了一连串错误:取江陵不取夏口,一也;不惯水战偏要从水上进军,二也;背靠沼泽,地形不利,三也;孤军深入,外无策应,四也;初战不利,便退据江北,五也;至于中了黄盖之计,还是最后的事。没有以上错误,仅仅一把火是烧不走曹操的。

五、从《入蜀记》想当年华容道的面貌

《华容道》早就是著名的折子戏了。当年京剧名角林树森、金少山合演此剧,倾动一时。那关羽上场,好不威风,一句"你是惊弓鸟有双翅难以飞逃",吓得曹操和手下残兵败将魂不附体。可是,经不起曹阿瞒一番又哭又求,终于还是"铁打的心肠软如绵",只好承认:"当初待某家有恩典,今日里报恩在眼前。"把曹操放过去了。

华容道到底是一条什么路?

三国时代的华容,本是汉代的旧县,位置在今湖北省长江北岸的监利县北面约六十里,同现属湖南省洞庭湖以北的华容县不同。假如从乌林(在今洪湖县[1]北)画一条直线到江陵县(又叫南郡),那么华容恰好就在这直线的中心。所以曹操在赤壁战败以后,逃回江陵,以为通过华容是最直捷的路,谁知这竟是一条"烂胡同",于是大部分败兵都死在这里。这真是"循名"而不"责实"的可悲结果。

这条路的确不好走,《三国演义》描写的"地窄路险,坑坑难行","坑堑内积水不流,泥陷马蹄,不能前进",只能"搬草运芦,填塞道路",真是当年的事实。假如华容道上有一支军马拦截,曹操一千人的命运是不堪设想的。幸而关羽没有赶

---

[1] 洪湖县即今洪湖市。编者注。

到华容,"义释曹操"只是小说家的一段虚构。

当年华容道这一带到底怎么个难走法?光看《三国志》是不甚亲切的。我们且看九百六十年后,南宋诗人陆游自己的亲身经历,就会比较清楚了。

陆游是在乾道五年(公元1169年)坐船从长江到西川担任夔州通判的。他过了鄂州(今武汉市)不久,就不走长江,改从沌口(在汉阳南不远)进了一条小河汊,陆游写道:"自是遂无复居人,两岸皆葭苇弥望,谓之百里荒。""平时行舟,多于此遇盗。"走了两天,"始有二十余家,皆业渔钓。"再走两天,"舟人云:自此陂泽深阻,虎狼出没。未明而行,则挽卒(纤夫)多为所害。"又走了两天,"过东场,井水皆茂林修竹,堤净如扫,鸡犬闲暇,凫鸭浮没。人往来林樾间,亦有临渡唤船者,使人恍然如造异境。"一直走了七天,陆游的船才走出这个沼泽地带,再入长江。[1]

陆游亲历其境,描写是亲切的。虽然也只是乘舟路过,所见不广,所知不多,但是这条十分接近华容道的路线,地形何等复杂,地方何等荒凉,道路何等难走,也已不难想见。南宋时代还是如此,那么在三国时代,那种原始气息之沉重就更不用说了。

由此一事又可知道,刘备方面,若有一支兵马,先埋伏在华容道上,曹操的败兵是一个也走不脱的。可惜孔明事先也没想到,等知道曹兵由华容道退却时,才派兵去追,已经来不

---

[1]　见陆游《入蜀记》。

关云长义释曹操

曹瞒兵败走华容,
正与关公狭路逢。
只为当初恩义重,
放开金锁走蛟龙。

及了。这是正史上这样写的。

　　小说家也是"事后诸葛亮",虚构了关羽在华容道义释曹操一场文字;还说孔明不止派一支人马,而是派了张飞、赵云,先冲杀两阵,迫得曹操走到华容小路上去,从而突出关云长的义气来。这是小说家之言,读者不要受骗上当了。

《三国演义》中的演义——平话"赤壁之战"

《三国演义》之所以获得广大读者的喜爱,并不在于它可以当做通俗历史来读,而是由于它故事丰富有趣,人物形象多姿多彩,还有不少战争大场面的出色生动的描写。这些都是其他历史小说所不能及的。

这当然不是罗贯中本人的独力创造。因为在他之前,宋元两代的民间艺人——包括说书人、编剧家已经把许多故事创作出来了。我们现在虽然不知道在罗贯中之前的艺人们创作了多少三国故事,但是,现在留存下来的一本《三国志平话》,是元代至治年间(公元1321年—1323年)的刊本,翻开这本书看,著名的三国故事大体上已经初具规模,从"桃园结义"到"诸葛归天"都全有了。

《三国志平话》是比较原始的东西。且不说文字粗糙,情节欠理,就以故事来说,也是仅具雏形,缺少细致的描写。就像一座大厦,只有钢筋水泥的骨架,看是雄伟,却欠缺修饰。只有到了罗贯中手里,才立足于这个结构,加以细致打磨,装点修饰,除残去秽,完成一座辉煌壮丽的大厦。

在罗贯中之前,辛苦地为三国故事营建的民间艺人当然不少,可惜他们连名字都没有留下来。我们仅仅从《东京梦华录》知道有个霍四究,是"说三分"(三分就是三国)的(当然还有"讲史"的艺人,但不是专讲三国故事,所以不算在内)。由于他们地位低微,能留下一个名字,已算幸运了。这是使人不胜叹息的。

但《三国志平话》的幸而保存,却使我们多少知道当年艺人所付出的心血和取得的成果。他们是罗贯中的先行者,曾经为《三国演义》尽了披荆斩棘之劳。

在这里,我们且把"赤壁之战"作为例子,来说明三国故事的创作过程。

《三国志平话》是这样描写这段历史的:

> 却说曹操为报夏侯惇失败之仇,起一百万大军,千员名将,立誓要踏平新野,跐碎樊城。玄德听了大惊,向军师问计,孔明叫修书去荆州刘表,借取三十万兵马应敌。不料即报刘表已死,刘琮继立,玄德十分哀痛。此时又报曹军逼近,只得向南撤退。来到荆州,刘琮听蒯越、蔡瑁谗言,关闭城门,不许入内。玄德无奈,率众向南再退,到了当阳,曹军赶上,大杀一阵,死人无数。玄德"凭伏鞍马",于乱军中逃命,家小全部散失,又报反了赵云,真是狼狈万分。正走之间,到一河边,山坡特陡,名曰长坂。孔明嘱咐张飞守住长坂桥,阻挡追兵。
>
> 原来赵云单马杀入军中,追寻玄德的家小。路上遇见甘夫人,手抱阿斗,身中一箭。赵云抱了阿斗,甘夫人走入墙内身死。赵云掩了尸体,抱太子南走。曹操望见,

即命猛将关靖追赶。关靖和赵云杀了一阵,赵云冲阵而过,至桥上,陷了马蹄,十分危急。背后关靖赶来,却被赵云用硬弓一箭射死。赵云又抱阿斗南奔,来到长坂桥头,适逢张飞迎住,赵云得以脱身,找到刘备。

又说张飞令军卒将五十面旗帜,在高阜处一字排开,叫二十骑马军挡在南河。曹操亲领三十万军开到,问他:"你为何不躲避?"张飞连声大叫:"吾乃燕人张翼德也,谁敢共吾决死?"叫声如雷,桥梁皆断。曹军倒退三十里。

玄德得张飞挡住追兵,继续南行,路上与东吴使者鲁肃相遇。鲁肃见玄德狼狈,接到夏口,劝玄德与托虏将军孙权合力抗曹。玄德同意,即命孔明带了书信,同鲁肃渡江,去见孙权。不料孙权谋臣张昭、吴危惧怕曹兵势大,一力主张投降,孙权犹疑不决。孔明为此舌战张昭,指称刘琮投降,已被曹军杀死。张昭要学蒯越、蔡瑁之计,难免再蹈刘琮覆辙。众官议论三日,未定决策。忽报曹军已将一百三十万军兵围了夏口,又派使者送来文书,劝孙权即日投降。张昭、吴危都说,曹军难敌,如今只能派兵守住江东,与刘备断绝关系。孔明听了大惊,即时提剑上阶,一剑斩了曹使。东吴众官大闹,捉住孔明要杀,幸被鲁肃劝住。

当夜,孙权与太夫人商议,太夫人道:"你父临终曾言:倘有急事,可以周瑜为元帅,黄盖作先锋。"孙权便使人至豫章,请周瑜计议。谁知周瑜每日与小乔作乐,不肯动身。孙权只得派鲁肃、孔明前去劝说。孔明便计激周瑜道:"今曹操动军,远收江吴,非为皇叔之过也。尔须知曹操在长安建铜雀台,拘刷天下美色妇人。今曹相取江吴,掳乔公二女,岂不辱元帅清名?"周瑜果然大怒,推衣而起,即日去见孙权,挂印为帅,起三十万军,百员名将,屯于长江南岸。

曹操听说周瑜挂帅,便亲自乘船出战。周瑜也坐船迎敌。两家打话毕,蒯越、蔡瑁率领水军攻打周瑜,周瑜先用箭射住,蒯、蔡也叫放箭。周瑜用计,将帐幕蒙在船上,只受曹军的箭,移时,便得数百万支箭,明日,曹操再来索战,被周瑜用炮石攻船,曹军大败。曹操心中忧闷,自言:"孙权有周瑜,刘备有诸葛军师,惟独我无谋士。"有人举荐"江夏八俊"蒋干。曹操乘车前去,见了蒋干,拜为军师。蒋干自言:"某与周瑜同乡。愿去劝说周瑜,使他不动刀兵,然后先斩夏口刘备,再驱兵南渡,克日可取东吴。"曹操大喜。次日,蒋干过江,见了周瑜,被周瑜几句话说得无从对答。

次日,黄盖向周瑜献出"断道绝粮计",触怒周瑜,要将他处斩。由于蒋干力劝,才免死打了六十大棒。是夜,黄盖至帐,拜谢蒋干。蒋干劝黄盖投曹。黄盖说出蒯越、蔡瑁已有降书交与周瑜,并将降书给蒋干看了。蒋干大惊。黄盖又写书一封,嘱蒋干交与曹操,表示愿意投降。蒋干回到了曹营,说黄盖愿降,又说蒯、蔡二人暗中通敌。曹操听了大怒,立即将蒯越、蔡瑁二人斩首。

再说周瑜对众官道:"大破曹兵,在此一战,吾有一计,不知众位是否同心?"于是各人都在掌上各写一字,开看之后,大家都写个"火"字,周瑜甚喜。独有孔明掌中,却写一"风"字。周瑜问是何故?孔明道:"众人用火,我助其风。"周瑜不信。有诸葛瑾来说:"我家卧龙,有不测之机。"周瑜道:"既是如此,待我退了曹操,然后囚禁诸葛。"

数日后,诸葛孔明令人筑一高台,披衣跣足,亲自祭风。当夜东南风大发。周瑜、黄盖乘风用火进攻。曹军大败,众官将蒋干乱刀砍为万段。

再说曹操大败,望西北而走,走无五里,有常山赵子龙拦住,大杀一阵,曹操撞阵过去。又有张飞拦挡,曹军死战,夺路脱身。来到华容道,却见关羽领五百校刀手,挡了去路。曹操上前求情,关羽道:"军师严令。"说话之间,"面生尘雾,使曹操得脱。"

以上是《三国志平话》写赤壁之战的大概。尽管我节录的是个概略,读者也不妨拿它和《三国演义》对照一下,便知从刘玄德"携民渡江"开始,中间是赵子龙单骑救主,张翼德大闹长坂桥,诸葛亮舌战群儒,智激周瑜,以及随后的草船借箭,蒋干中计,黄盖诈降,孔明借风,乃至华容道义释曹操等等,都已经具备雏形了。只不过,《三国志平话》写得比较粗糙,而且颇有不合理之处,这是民间艺人难以避免的缺点。虽则如此,故事还是曲折热闹,引人入胜的。

罗贯中就是凭借这些民间创造,去其粗而存其精,又加以提高,辅以粉饰,于是,比史书《三国志》描写热闹不止十倍的赤壁之战的故事,就这样流传开来,历久不衰了。

我们不该忘记那些无名的开创者。

从孙权受箭到孔明借箭

数百年来,诸葛孔明"草船借箭"的故事已是家喻户晓。

这要得力于《三国演义》。此书第四十六回把周瑜要杀孔明,命他监造十万支箭,以及孔明立下军令状,再哄鲁肃上船,利用大雾的机会,逼近曹营,用船受箭的事,写得十分生动,真是一篇出色的文字。

但你可知三国时代,历史上只有孙权"受箭",却没有孔明借箭这回事么?

那是建安十八年,曹操起兵进攻东吴的濡须,正在两军隔江相持之际,孙权坐着一条大船来观察曹军的动静。据《三国志·吴主传》引《魏略》说:"权乘大船来观军,(曹)公使弓弩乱发,箭着其船,船偏重将覆,权因回船,复以一面受箭,箭均船平,乃还。"

《魏略》是魏国的郎中鱼豢写的,他写的是本朝的事,而他也不需有意去颂扬孙权,可见此事还是可信的。孙权起初料不到会中了这许多箭,弄得船要倾侧,他只是急中生智,设法使船得到平衡,也算他头脑机灵。

孙权虽然不是有意去借箭,但事实却引起小说家的注意,认为这是个好题材。

于是宋元的说书人就把这件事用在周瑜身上。那故事说,赤壁之战中,周瑜和曹操在水上对阵,"周瑜用帐幕(遮住)船只,曹操一发箭,周瑜船射了左面,令扮棹人回船,却射右边。移时箭满于船。周瑜回,约得数百万只箭。周瑜喜道:'谢丞相箭。'曹公听得大怒。"[1]

由此,草船借箭故事的雏形出现了。

不过这故事细想也有毛病:在大白天两军对战中,曹兵岂有只射箭不进攻之理？即使只射箭,又哪会一射就是数百万支？

到了罗贯中撰《三国演义》时却不同了。他写孔明是在三日前预知江上有大雾,又写出发时间是在四更,又写日高雾散时,孔明急令收船,船轻水急,已放回二十余里,曹兵追之不及。那便入情入理,简直可以收入"用兵奇计"之中了。

《三国演义》是许多头脑的智慧产品,由此一事也能证明。

---

[1] 见《三国志平话》。

孙权有强大海军

读过《三国演义》的人，熟知孔明的神机妙算，关、张等五虎将的英勇，活动大抵都在陆上，至于江河，则除了赤壁之战甚为烜赫之外，只闻说"临江水战有周郎"，对东吴的水战虚点一笔而已。

其实孙权拥有一支强大的海军力量，曾纵横于东海、黄海、渤海之间，也曾远涉重洋，却少有人留意。

从陈寿《三国志》钩稽，我们可以看到如下的零星记录：公元230年，孙权"遣将军卫温、诸葛直，将甲士万人浮海求夷洲及亶洲"。因为此二地相传是徐福到过的地方，且该地曾有人渡海来到会稽，故特派海军万人前去寻访，但只到了夷洲，"得夷洲数千人还"。

近人考证，所谓夷洲就是台湾。由此看来，孙权是首先与台湾交通的中国君主。

孙权又曾派一支海军直达辽东，向公孙渊进行友好访问："渊遣使南通孙权，往来赂遗。权遣使张弥、许夏等，金玉珍宝，立渊为燕王。"据《魏略》载，孙权"此年以来，复远遣船，越渡大海，多持货物，诳诱边民，边民无知，与之交关。长吏以下莫肯禁止,致使周贺浮舟百艘,沉滞津岸,贸迁有无。"从这两段记载,可知孙权的海军由江浙远达辽东半岛,大做生意,而曹魏对之无可如何。

到了公元238年,司马懿以公孙渊自立并侵扰魏地为理由,起兵攻战公孙渊,公孙渊不能抵敌,兵败被杀,东吴和辽东一段交往才终于完结。可是孙权没有甘心,曾"遣使者羊道、郑胄、将军孙怡,之辽东击魏守将张持、高虑等,虏得男女。"孙权似乎是要替公孙渊报一死之仇,派了一支海军攻击占领辽东的魏军,而且还是打胜了仗的。

可惜这些事实,并没有引起《三国演义》作者的兴趣,因而东吴拥有一支强大海军力量的事就未涉一笔。即使是描写赤壁大战,读者也只见"锁战船北军用武",连"借箭"的诸葛孔明也只好坐在草船上了——顺便补充一句,历史上的"借箭"是孙权的事,《三国演义》硬把它移到孔明身上,无非要突出"天下军师"的过人智慧罢了。

孙权派海军到亶洲和夷洲不是为了海上仙山,要找些不死之药回来。凭这一点,他比秦皇、汉武高明得多。

鼻涂白粉的方巾丑——蒋干

小说家常有"移花接木"的本领。三国故事中的蒋干其人,就是一例。

蒋干此人,出于《三国志·周瑜传》注中所引的《江表传》。此书说,蒋干是九江人,"有仪容,以才辩见称"。曹操在赤壁之战前,曾遣蒋干到东吴劝周瑜归顺。周瑜一见便知蒋干来意,于是请他观看营中的仓库器仗,室中的服饰珍玩,然后对他说:"我所遇的是知己之主,情同骨肉,言听计从,祸福共之。便是苏秦、张仪再生,也说不动我,何况你这个小书生呢!"蒋干没趣,只得走了。在赤壁之战中,他没有再出现过。[1]

《三国志平话》的作者却把蒋干放到赤壁之战的关键时刻出现,让他一再中了周瑜之计,成为反面角色;再加上舞台上的渲染,于是这个鼻子上搽着白粉的方巾丑,便活灵活现

---

[1] 司马光的《资治通鉴》把蒋干游说周瑜这件事放在建安十四年冬,即赤壁之战后的一年,这是不合理的。因为这时周瑜已立下大功,成为东吴的第一号人物,绝不是曹操一个说客能够打动的,曹操也不至于在赤壁大败之后向周瑜劝说归降。果真如此,曹操便真是个大傻瓜了。

地变成烘托周瑜的可笑人物。

四十年前,黄裳写过一篇《论蒋干》的"旧戏新谈",文字甚妙,且抄一节:

> 蒋干是《群英会》中的要角。其性多疑。如果没有了他,这一出戏势必不能成功。在京戏中,此角属于所谓方巾丑,曩曾见袁寒云演之,妙不可言。为什么,因为这必须带点"书卷气"才行。否则便流于俗趣了……
>
> 蒋干最可以代表中国过去的读书人,有小聪明,好逞才华,好玩花样,然而时时落于拙劣,"疑"字是他的这种行动的骨干,如果换一个新名词,即是"神经衰弱"。然而平时又并不表现得如此糊涂,所以像曹孟德那样的聪明人也还要收之于幕府。坏也就坏在这儿,这终于使曹操吃了大亏,真糟糕!

《三国演义》的蒋干是经过小说家精心加工的,比起《三国志平话》来,情节合理得多,人物形象也生动得多了。《三国志平话》说蒋干是"仙长",曹操一见便"拜蒋干为师",这都不合情理。《三国演义》删了这些,回头引用了《江表传》的材料,又把《三国志平话》里蒋干如何中了周瑜之计那部分去粗存精,仔细修饰一番,于是周瑜之智,蒋干之愚,恍如双峰对峙,二水分流,好看得很。

历史上的蒋干虽然也是丢了丑,毕竟只是无功而返,没有吃什么亏。《三国志平话》和《三国演义》则有意把他移到赤壁之战中,使双方矛盾冲突越加尖锐而激烈,并因此引出蔡瑁、张允被杀,庞统献连环计成功;这一来,不仅赤壁之战更加花团锦簇,曹操的失败也显得更凄惨了。

一个寻常的说客故事,变得很不寻常,这是得力于"移花接木"的成功。这是小说家高明的一笔。

孔明借风与禳星

一、风是可以"借"的

孔明借东风的故事,流传久远,妇孺皆知了。有人觉得真是神奇,也有人直斥之为荒唐无稽。

问题得分开来说。

假如,像《三国演义》写的那样,只建一个七星坛,插上二十八宿旗,布成六十四卦阵,穿上道袍,焚香默祝,就可以借来三天三夜的东南风,当然是荒谬的。

可话又说回来,气象变化,不是丝毫不能预测的。如果撇开掩人耳目的形式,单说孔明有气象预测的本领,从各种迹象中知道天气转变,两天之后会刮一场东南风,那又值得什么大惊小怪呢?

古代行军打仗原来就有占候这一门。根据天文和气象变化来预测吉凶,它固然属于封建迷信的玩意,但是,不能排除有些占候家确实懂得一些气象预测之术。因为民间一向就有看天经验,而且常是很灵验的。像广东民谚说的:"乌云窜河溪,人人守着堤。""红云上顶,找地湾艇。""乌猪仔,游天河,大风翻起窝。"都是相当准确的台风预测。假如孔明平时就注意气象预测这一门,学过这些本领,能在事前知道刮东南风,有什么奇怪!

《三国演义》作者也够细心。他把孔明提出"借风"的日期定在十一月十八日,次日建坛祭风,二十日三更风就来了。预测不过在两天之前。广东渔民只凭海上出现横浪(又叫草席浪)就知三天之后有台风来到,谁说这是荒唐?

在封建迷信弥漫上下的旧社会,有些事情往往不得不借助于迷信外衣。正如陈胜、吴广起义时要弄个"篝火狐鸣",元末红巾军起义要预埋一个石人,宣传"石人一只眼,挑动黄河天下反"那样,有它的历史根源。

自然,史书上没有说孔明借风,这里不过是就小说谈小说。[1]

二、星是不能禳的

《三国演义》写诸葛孔明,越到后来,便越有许多神怪。祭东风还可以说是故意装神扮鬼,瞒人耳目;南征时,用木刻彩画五色巨兽,吓退孟获的虎豹豺狼,亦可说是应变之术;到《出陇上诸葛妆神》这一回,居然说孔明善会奇门遁甲,能驱六丁六甲之神,通晓缩地之术,他乘坐一辆小车,缓缓而行,

---

[1] 《三国志・周瑜传》说:"时风盛猛,悉延烧岸上营落。"又《江表传》说:"时东南风急,(黄盖)因以十舰最着前,中江举帆……去北军二里余,同时发火,火烈风猛,往船如箭,飞埃绝烂,烧尽北船,延及岸边营砦。"看来是一种偶然凑合。

魏兵骤马追赶,却总是追赶不上;后回又说孔明仗剑步罡,祭来一天阴云,黑气漫空,故意引诱魏兵前来劫寨,那就简直是个十足的妖道了。

孟子曾说:"天时不如地利,地利不如人和。"他说的天时,不过是指阴晴寒暑这些情况对行军打仗的影响。《孙子兵法·计篇》也说:"天者,阴阳、寒暑、时制也。"(时制是四季时令的更替)并不含有迷信色彩。不过古人对天却总有些畏惧之感,因为不明白那些雷电风雨冰雹到底是怎么回事,对于自然灾害也得不到正确解释,于是迷信便自然产生了。杜佑《通典》引《太公兵法》就说:"凡兴军动众陈兵,天必见其云气,示之以安危,故胜败可逆知也。"这已把兵家胜负放到"天意"上面了。随着五行家、占星家学说的流行,对天的迷信更是渗进带兵人的头脑中,以致后来有些官方撰作的兵书,如北宋的《武经备要》之类,都收入大量的占星占云的内容,实在是毫无意义的糟粕。

到了说书人或小说家手中,又进一步变本加厉起来。《水浒传》有个入云龙公孙胜,就是专门会使妖法的,能够呼风唤雨,撒豆成兵。连高俅的兄弟高廉居然也会使用妖术。此外,《说唐》《平妖传》之类也莫不如此。罗贯中固然算是相当高明的小说家,却也未能免俗,把诸葛孔明涂抹成为一个"牛鼻子道人"了。

尤其可笑的是写诸葛孔明临死前亲自禳星,在帐中点起七盏大灯,四十九盏小灯,内安本命灯一盏,说什么"在帐中祈禳北斗,若七日内主灯不灭,吾寿可增一纪(十二年);如灯灭,吾必死矣"。简直是舞神跳鬼的江湖术士的行径。后来又故意安排魏延踏灭了本命灯,给魏延增添一重罪案。小说家这种手法真是未免过分拙劣了。

然而,封建迷信长期统治着古人的头脑。近日读到唐人易静写的《兵要望江南》,内容全是占雨、占风、占斗、占星一类的东西。其中一首云:"军营内,斗大坠星来,或是作声长数丈,其间大战将身摧,急去免危灾。"可见所谓"将星堕营"之说,由来已久,又何怪乎小说家。

华容道的反推法

《三国演义》里华容道义释曹操的故事,许多读者读了,只觉得有趣,或者赞扬孔明的智慧和关云长的义气,但你可想到,这个故事包含的意义,远不止有趣,而是军事科学中直到现在还被人研究着的"反推法"。反推级数越高,获胜可能越大。

在《三国演义》中,孔明最后派关云长把守华容道并要他立下军令状,不放曹操逃走。华容道号称难走,关云长问:"若曹操不从这条路来,如何?"孔明道:"我亦与你军令状。"还对他说:"云长可于华容小路高山之处,堆积柴草,放起一把火烟,引曹操来。"云长问:"曹操望见烟,知有埋伏,如何肯来?"孔明道:"岂不闻兵法虚虚实实之论,操虽能用兵,只此可以瞒过他也。他见烟起,将谓虚张声势,必然投这条路来。"

后来的故事大家都知道,曹操果然走华容小路,而且望烟火起处走去,于是恰好碰上了关云长。

孔明在这场调兵遣将中,用的便是"反推法"。

苏联国防部军事出版社曾出版一本《思考·计算·决策》,把"反推"作为军官智力功能表现的重要一着。此书举

例写道:

甲和乙是敌人,甲要追乙。乙所躲的洞有两个出口,一个容易一个难。按反推等级划分局中人的考虑方案有如下三种:

一、双方的反推级为零。谁也不模拟(即考虑对方)谁的判断。这时乙走容易的路。甲也从这条路去追。结果怎样,决定于速率。

二、甲的反推为零级,乙的反推为一级。乙作如下考虑:"甲当然要走容易的路追我,所以我走难走的路为上策。"乙就逃掉了。

三、甲的反推级为二,而乙的反推级仅为一。则乙的考虑如前,选择难走的路。但甲却加上多一级考虑:"乙想我会走容易的路,所以他会走难走的路,我当然要走难走的路,乙是决想不到这点的。"结果,乙被迫上了。

还可以再做等级更高的反推。

这本军事读本举上述为例,却不曾以具体故事说明,而《三国演义》写了具体故事,却没有称之为"反推"。但我们分明看出,甲等于孔明一边,乙等于曹操一边。曹操用了反推的一级,孔明却用了二级,还加上放烟火,则成为三级,于是曹操便不能不自投罗网了。

《三国演义》的用兵奇谋,至今还可以启发军事家的智慧,由此可见。所以日本工商界也努力研究它,作为商战的锦囊。

鲁肃与周瑜的真面目

鲁肃并不像《三国演义》描写的那样温文尔雅,自然不是个文士,更不像在京剧《群英会》里那样的老实而又糊涂。要知道鲁肃是什么人,就得看看下面这几件事实。

他家住东城(今安徽滁县西北),是地方的富豪,性情慷慨,乐于施舍。周瑜有一次经过他家,向他借粮。他家中有两囷米,每囷三千斛。鲁肃举手一指,就送了周瑜一囷,使周瑜大为惊奇。

他见天下将乱,带着乡中男女三百余人,打算南渡长江。州郡派兵来追。鲁肃单骑押后,对他们说:"你们不要相逼。"便拿一面盾牌放在地上,连射几箭,盾都洞穿。追者见了,吓得只好退走。

他来到曲阿(今江苏省丹阳县[1])不久,有个朋友劝他到巢湖投靠一个叫郑宝的土豪,周瑜认为此人无德无才,劝他去见孙权,还特意写信推荐。于是鲁肃就到了孙权麾下。初见孙权,他就指出:"曹操是项羽一流人物,不可能真正兴复汉

---

[1] 丹阳县即今丹阳市。编者注。

室,但又无法打倒他。为今之计,只有以江东为根据地,巩固后方。然后先剿灭黄祖,再攻占刘表的荆州,据有长江之险,便是帝王的基业了。"这种高瞻远瞩的眼光,是当时张昭之流万不能及的。

到了曹操南征荆州,鲁肃便知非联合刘备不可。他趁刘表新死的机会,立即说服孙权,借吊丧为名,前往荆州会见刘备,就在当阳这地方迎上了刘备,向他陈述孙、刘联合的好处,取得刘备的赞成,然后又同诸葛孔明结为朋友,一起到东吴共商抵敌曹操之计。

《魏书》和《九州春秋》还记载了鲁肃的一个激将法。他回到东吴,对孙权说:"曹操的兵马十分精锐,乘着战胜之威,进攻荆州,不可抵敌。将军不如先把家属送上北方做人质,再派兵协助曹操,否则就危险了。"气得孙权大为愤怒,要斩鲁肃。鲁肃这才谈出他的计划,劝孙权同刘备联合,才可以抵抗曹操。这事真假难说,但是鲁肃确实以为只有联同刘备,才能与曹操对抗,他是个坚决的联合阵线拥护者。

赤壁之战后,刘备到京口见孙权,当时周瑜和吕范都劝孙权把刘备软禁起来,不让回去。只有鲁肃认为不妥。他主张把荆州借与刘备,使曹操多树一个劲敌。这事情传到曹操耳里,吓得他把写字的笔都掉在地上了,可见此举是曹操最伤脑筋的。后来的事实也证明,若不是曹、孙、刘三方鼎立,单靠孙权孤立江东,是抵抗不住北方的大军的。这是鲁肃智计过人之处,比周瑜的眼光要远大得多了。

以后周瑜逝世,临死前举荐鲁肃,认为只有他"智略足以任事"。鲁肃果然不负所托,东吴的局面,由此稳定下来,孙、刘的联合在他逝世前,未曾破裂。他是真能顾全大局的人。

鲁肃在小说里和舞台上的形象,是受到歪曲的。喜欢三国故事的读者,应该心中有数才是。

小说家对周瑜的性格,改变得尤其"离谱"。

本来,周瑜在处理政治问题时是眼光锋锐的。他不但力主抗曹,又曾主张软禁刘备,拆散关羽、张飞;赤壁得胜以后,还企图抢先占领刘璋的西蜀,形成南北分立局势,可说"剑及履及"。[1]可惜死得早,计划终成泡影。

他待人接物却是温文尔雅的。《江表传》说,他和程普不睦,程自恃年长,常欺侮他,周瑜却总不计较。后来程终于对人说:"与周公瑾交,若饮醇醪,不觉自醉。"表示衷心佩服。蒋干也称周瑜"雅量高致",甘拜下风。周瑜又精通音乐,即便喝醉了酒,还听出乐曲的错误,所以有"曲有误,周郎顾"的赞语。[2]

这种性格的人,同小说戏曲里的周瑜形象真是相差太远了。

其实,在《三国演义》通行之前,学者和文人对周瑜是评价很高的,请看:唐人胡曾《赤壁》诗云:"烈火西焚魏帝旗,周郎开国虎争时。交兵不假挥长剑,已挫英雄百万师。"

苏轼《念奴娇》词云:"遥想公瑾当年,小乔初嫁了,雄姿英发。羽扇纶巾,谈笑间,樯橹灰飞烟灭。"

戴复古《赤壁》诗云:"千载周公瑾,如其在目前,英风挥

---

[1] 见《三国志·周瑜传》。
[2] 见《三国志·周瑜传》。

羽扇,烈火破楼船。"又《满江红》词云:"赤壁矶头,一番过一番怀古。想当年周郎年少,气吞区宇。万骑临江貔虎噪,千艘烈炬鱼龙怒。卷长波一鼓困曹瞒,今如许。"

他们都把赤壁破曹主要功劳归在周瑜头上。

那么,小说家为什么硬要把周瑜写成心胸狭窄、嫉贤妒能、不顾大局、卒于气死的人物呢?

这是宋元艺人们的有意安排,其目的在于突出孔明的智慧形象。

它写周瑜嫉才忌能,几回要杀孔明,便更显出孔明智珠在握,应变有方;它写周瑜急躁激动,大发肝火,便又显出孔明安详闲雅,指挥若定;它写周瑜气量狭小,更突出孔明雍容大度,顾全大局……所有这些,都不是随意安排的。

可以说,小说里的周瑜,虽然形象也生动,但在一定程度上又是为衬出孔明这个智慧化身而加工塑造的。

单说赤壁交兵一场,小说强调曹操骄傲而狡猾,周瑜小气而忌才,鲁肃忠厚而谨慎,以及黄盖的忠心,关羽的义气,固然是在一步步地塑造着这些人物,但在同时,又起了树立诸葛孔明这个智慧之峰的高大形象的作用。笔墨有几层用意。

历史人物并不如此。固然不能拿来苛责小说的作者。不过,也须知道历史上的周郎并非这样不中用的。

《单刀会》这个戏

《单刀会》这场戏,把鲁肃描写得胆小而庸懦,却未能衬出关羽的勇猛,反而显得关羽无理而恃横,有损这位西蜀虎将的形象。

这个戏来历已久。元代大戏剧家关汉卿便写过《单刀会》,第四折一开头关羽上场,在船上看一派滔滔江水,那唱词写得实在美:

> 大江东去浪千迭,引着这数十人,驾着这小舟一叶,又不比九重龙凤阙,可正是千丈虎狼穴。大丈夫心别。我觑这单刀会似赛村社。
>
> 水涌山迭,年少周郎何处也!不觉的灰飞烟灭。可怜黄盖转伤嗟,破曹的樯橹一时绝,鏖兵的江水犹然热。好教我情惨切。(这也不是江水)二十年流不尽的英雄血。

一唱一叹,确实是颇为有情。

可惜,在近年的京剧里,这大段唱词,却删削成这样的四句:

关云长单刀赴会

船渐近岸,
见云长青巾绿袍,坐于船上;
傍边周仓捧着大刀;
八九个关西大汉,各挎[1]腰刀一口。

---

[1] 跨,通"挎"。编者注。

> 大江东去浪千迭,
> 趁西风小舟一叶。
> 才离了九重宝帐,
> 探千丈龙潭虎穴。

真是相差太远了。

历史上的"单刀会"是这样的:关羽和鲁肃各在自己的边界上,大家都想争地盘,鲁肃便同关羽约期相会,谈判谁应得到荆州。鲁肃来到关羽的驻地,诸将都"单刀相会",鲁肃对关羽说:"我国当时把荆州借给你们,是因为你们远道而来,没有地方驻扎人马。如今你们已得了益州,却不归还荆州,请你们只归还三郡(长沙、零陵、桂阳,都在今湖南省境),你们又不答应……"此时有人大声说:"土地只要有德的人去统治,有什么永远不变的道理?"于是关羽拔刀而起,叫那人走开。但结果还是双方以湘水为界,妥协了事。[1]

荆州之争,原说不上谁有理谁无理的问题。荆州原是刘表的地盘。刘表死后,照当时习惯,自应由刘琦继承,但在赤壁之战前后,却把局面搅乱了,曹操夺了襄阳,刘琮投降,孙权又把沿江占据了,刘琦局促江夏,地盘狭小。于是赤壁战后,就有"借荆州"的说法。其实军阀混战时代,你让个地盘给人家,自然人家就占定了,哪有归还之理。所以鲁肃索荆州,

---

[1] 见《三国志·鲁肃传》。

也明知其不可为而为之,结果还是妥协了事。后来东吴夺回荆州,还是靠阴谋,用武力的。

然而《单刀会》从此就成为一出流传不衰的保留剧目,还让"老实人"鲁子敬作了垫衬,又一次抬高了关羽的身价。

生子当如孙仲谋

大抵天下多事之秋,容易出现青年英雄;而在承平日久之际,那些由青年变成老朽的,便不那么容易让青年人出头了。"老成持重"常常指摘人家"少不更事",凭老经验办事也往往不肯相信年轻人,"新进后生"是个贬义词,"嘴上无毛"也成为办不成大事的根据……

但三国时代的东吴,却用雄辩的事实证明青年人起的重大作用。这大抵正因为当时是鼎足三分、征战不息的特殊时期吧。

孙权手下有四员大将,对于建立和巩固东吴政权起着极为重要的作用,这四员大将就是周瑜、鲁肃、吕蒙和陆逊。

这四员大将在建功立业的时候,年纪都不大。周瑜做建威中郎将,不过二十四岁;鲁肃参加孙权的幕僚工作,也只有三十岁上下;吕蒙在赤壁之战时,是三十一岁;陆逊初在孙权幕下任职,年纪更小,不过二十一岁。

孙权手下不是没有老将,像程普、黄盖、朱治、韩当,都是孙坚提拔起来的老部下,能征善战;但是孙权除了继续发挥这些老将的才能之外,还亲自提拔一批年轻有为的人物,让他们独当一面,抗拒强敌,卒能成功,这却是孙权知人善任的本领了。

知人固难,知人而能用则更难。当曹操的八十万大军,挟着优势,乘着锐气,直压长江的时候,东吴内部议论纷纷,胆小怕事的,图保家室的,另谋投靠的,都主张投降。假如孙权不是抱着"破釜沉舟""背城一战"的决心,就难免左右动摇,也不能听主战派周瑜、鲁肃的劝告;即使听他们的劝告,没有知人善用的胆识,也不会毅然提拔周瑜为都督,从而取得战功的。

任用陆逊也是一个例子。当刘备亲率大军,誓报荆州之仇的时候,东吴的局势也是严重的。当时孙权手下不是没有人物,像朱然、潘璋、韩当、徐盛、孙桓等,他们或是孙策时代的老将,或是孙氏本家的贵亲,或是孙权早年的旧交,都有一定的战功;可是孙权却提拔陆逊为大都督,让陆逊率领他们作战。彝陵一役,摧毁了刘备的"倾国之兵",创造了战史上以寡胜众的赫赫战例。这也可见孙权在用人方面的见识高明。

在上者能知人用人,固然重要,但在下者能团结一致,也同样十分重要。东吴的几位将领,虽然还是血气方刚的青壮年,却能不忌才,不互相排斥,不打击别人抬高自己,这也是东吴能够制胜强敌的重要因素。

鲁肃是周瑜举荐给孙权的。当时鲁肃的朋友刘子扬,曾写信给鲁肃,劝他投奔在巢湖拥兵万余的地方豪强郑宝。鲁肃正打算前往,周瑜知道了,就把鲁肃留住,介绍给孙权。孙权同他谈了一席话,十分投机。不料张昭却诋毁鲁肃,说他"谦下不足,年少粗疏",不可使用。孙权没有听张昭的话。后来周瑜患病,临死之时写信给孙权,说"鲁肃忠烈,临事不苟,可以代瑜"。孙权毫不犹疑,即拜鲁肃为奋武将军,代瑜领兵。[1]

吕蒙是武人出身,不晓作书写字,虽有战功,鲁肃还是没有重视他。后来有一次同吕蒙谈话,吕蒙替他订出五条应付关羽的计划,使鲁肃大为惊异,称赞他"非复吴下阿蒙",当即结为朋友。鲁肃死后,吕蒙便又代鲁肃统领军马[2],这可能也是鲁肃的主意。

吕蒙袭取荆州,不久便患了重病,回到建业。孙权问他:"谁人可以接你的职务?"吕蒙当即推举陆逊,说他:"意思深长,才堪负重,观其规虑,可以大任。"[3]陆逊后来能够击败刘备大军,功业显赫,同吕蒙的举荐自然是有关系的。

这几位统领,真可谓"知人善任"了。但如果不是平时做到虚心待人,讲求团结,以大局为重,也是不可能发现真正人才的。自然,孙权对臣下的建议能够虚心接纳,对接任者放手任用,更是一个重要的因素。

那么,赤壁之战时,孙权是多大年纪呢?也许你不相信,他只有二十七岁。

---

[1] 见《三国志·鲁肃传》。
[2] 见《三国志·吕蒙传》。
[3] 见《三国志·陆逊传》。

铜雀台和大乔小乔

从两晋一直到唐代,诗人们对曹操的铜雀台都很感兴趣,若行经台下,便少不免留下诗篇,以抒感慨。那不仅因为它建筑壮丽,而且还有曹操的"风流韵事"之故。

铜雀台在河北临漳县三台村,现在尚有遗址可寻。此台建于建安十五年(公元210年),高十丈,殿宇百余间。台成后,曹操作为游赏胜地,常在此大会群臣,娱乐升平。建安十七年,还叫曹丕、曹植等人作《铜雀台赋》。曹操临死时,又吩咐将他的妾侍和艺妓都安置在台上,放上曹操生前睡床,每天由她们"上酒脯粻糒之属";每月初一、十五,"辄向帐中作伎乐"。因为铜雀台有这些故事,诗人便驰骋文思,大发议论,什么"妆容徒自丽,舞态悦谁目。惆怅缑帏空,歌声苦于哭"之类,大抵不是同情那些妓女,就是感叹人生无常,还有人借此讽刺到曹丕身上,说他连父亲遗下的女人也不放过,是够刻毒的了。(见崔国辅《魏宫词》)

最著名的还数杜牧的《赤壁》诗:"折戟沉沙铁未销,自将磨洗认前朝。东风不与周郎便,铜雀春深锁二乔。"把东吴的两个美人,即孙策和周瑜的妻子,和铜雀台扯到一起,造成了强烈的艺术效果。然而也有人说,"赤壁之战,二乔年皆三十以外,操岂有锁二乔之心?杜牧之诗,是为失言。"又引清代学者阮元的诗句:"千古大江流,想见周郎火。草草下江陵,匆匆让江左。纵使不东风,二乔亦岂锁。"也是说铜雀台建成时,二乔都已"年长色衰",没有被曹操看中的可能。文人议论,千奇百怪,可以不必在此纠缠了。

不料小说家却恰恰看中了"铜雀春深锁二乔"这句话,凭空生发出在赤壁之战中诸葛孔明激怒周瑜的一场戏来。其实赤壁之战在建安十三年,那时铜雀台还没有,何来的《铜雀台赋》呢?不过小说家却可以不管,总求场面热闹,情节生动,这有他们的自由,别人指摘不得。

最激怒周瑜的,是"立双台于左右兮,有玉龙与金凤。揽二乔于东南兮,乐朝夕之与共"等句,这本是曹植《登台赋》没有的,小说作者又不知从哪里凑上这几句,这叫做牵萝补屋,以甲作乙,真是文思之妙无两。

《三国演义》批者毛宗岗在"二乔"句下有批语说:"旧赋云:'连二桥于东西兮,若长空之蝃蝀。'此桥也,非乔也。今孔明易此二语,便轻轻划在二乔身上去。""二桥"居然成了"二乔",小说作者飞丝接线的手段,实在巧不可言。

原来二乔本来姓桥,是桥公的二女。《三国志·周瑜传》正写作"大桥""小桥",后来才给人改写成"大乔""小乔"的。所以把"揽二桥于东南兮",硬说是揽大小二乔,亦无不可。只是这话并不出自曹植的《登台赋》罢了。

不过,《三国演义》这段文章也有所本,那起源在《三国志平话》。《三国志平话》说:"尔须知曹操长安建铜雀台,拘刷天下美色妇人。今曹相取江吴,掳乔公二女,岂不辱元帅清名?"这是说书人的巧于借用,可惜寥寥数语,实在过分粗率,当然及不上后来《三国演义》写得精彩了。

假如庞统不死　三国局面可能大变

《三国演义》说庞统生得"浓眉掀鼻，黑面短髯，形容古怪"。初见孙权，孙权就决定不用他。后来去见刘备，刘备也觉得他生得丑陋，心中不悦，只派他做个耒阳县令。他是吃了外表难看的亏的。难怪孔子早就有句话："以貌取人，失之子羽。"连孙权、刘备都犯上这个毛病。

其实庞统只是"少时朴钝，未有识者"[1]，不见得便是长得难看。他在襄阳时，司马徽便称他"当为南州之冠冕"，庞德公甚至称庞统为"凤雏"。庞统也颇为自负，有一回，同顾劭谈论，他对顾劭说："论帝王之秘策，揽倚伏之要最，吾似有一日之长。"（意说他辅助帝王，治理天下，颇有本领）[2]这恐怕不完全是大话。

但在刘表坐镇荆州时，既不曾任用他，到了赤壁之战后，周瑜领南郡太守，也只任他为功曹（后汉功曹职务近于总务长，兼管人事）[3]，并未重用。

---

[1]　见《三国志·庞统传》。
[2]　同上引张勃《吴录》。
[3]　同上引《江表传》。

庞统在周瑜死后才投到刘备方面。他在任耒阳县令期间,因政绩不佳,被免了官职。大抵用牛刀割鸡,反而不讨好了。

鲁肃毕竟是个深明大体的人,总是以孙刘联盟、共拒曹操为根本,所以他听说庞统被免了职,特意写一封信给刘备,说庞统不是管一个小县的人,要让他在一个大州(相当于后来一个省)当省长的副手,才能够显出本领。鲁肃这种无私的举荐,实在值得佩服。[1]

刘备听了鲁肃和孔明的话,提拔庞统为军师中郎将。手下就有两个军师,左右扶持,真似虎生双翼。跟着,刘备应刘璋之邀,由荆州出发,留诸葛亮与关羽镇守荆州,自己带着庞统入川。这时候,对刘备的形势是非常有利了。

刘备是建安十六年(公元211年)冬天进入西川的。整整一年,他住在葭萌(今剑阁县东北),表面上是抵御张鲁,实际上按兵不动。直到第二年年底,刘备才同刘璋正式决裂,斩了杨怀、高沛,带兵南下涪城。跟着进攻绵竹,包围雒城,这时已是建安十八年夏天。雒城死守了整整一年,在这期间,刘备身边的军师,主要是庞统,还有一个智囊法正。而诸葛亮是刘备在围城时,才带张飞、赵云从荆州西上,分兵攻占巴东、巴郡、犍为等地的。《三国演义》说孔明听到庞统战死,才离开荆州,那是情节上的迁就,事实并不是这样。

庞统在围攻雒城的时候,中箭身死。落凤坡就在雒城北面,即今罗江县西南。他追随刘备不过三年,死时才三十

---

[1] 见《三国志·庞统传》。

六岁,所以没有很大的建树。"凤雏"的才干,只能说是中道夭折。

庞统一力主张收取西川,这同诸葛孔明是一样的。他在攻蜀的战斗中,自然也有不少功劳,可惜具体的攻战方案,史书中没有记载下来,他的名声,就远不及孔明的煊赫了。

清代有个叫李仙根的人,却看出庞统之死,是蜀国败亡的一大关键。他在《三国史论》中说:

> 予独怪修史者,不著庞统之死。盖汉季之不振,全系乎此。士元用兵严厉果决,实过于孔明。倘士元不死,孔明同侯(指关羽)镇荆襄,士元领大队办秦陇,而先主居蜀汉,与法、蒋辈经画国事,虽有智者,不能为魏策矣。士元死而孔明西去,侯性慨慷不欺,志不能隐忍,用微权以集大计,而骂婚、撤备,使疑叛丛生,今则归咎于先主、孔明,侯之灵其乐受之乎?故君子读史,于士元之死,深叹天不佑汉,初即不得志于襄樊,继则永安再辱,阴平失御,皆原于此矣![1]

他的看法当然是言之成理的。

然而关于他,却有一段颇为离奇的民间传说,是《三国演义》所没有提到的。且留在下面介绍吧。

---

[1] 见《关帝志》卷三。

妙趣而热闹的《庞掠四郡》
——张飞被困乌龙阵　黄忠定计擒金全

明弘治刊本《三国志通俗演义》有一回书叫《诸葛亮傍掠四郡》,写的是玄德和孔明调兵遣将,收取武陵、长沙、桂阳、零陵四郡的事。在《三国演义》里,这是几番大战,赵子龙、关云长、黄忠、魏延等人都大显身手。读者熟知,可以不必多谈。

奇怪的是,元人杂剧《走凤雏庞掠四郡》却把收四郡功劳记在庞统一个人身上,而且写得神奇怪诞,读来令人失笑。查"庞"与"傍"同音,到底是先有"傍掠四郡",后来才出现"庞掠四郡"呢?还是正好相反?笔者不敏,未敢妄断。

让庞统一个人认真威风一下子,自然有其原因。

宋元的民间艺人,既造出了"伏龙、凤雏,两人得一,可安天下"的话,他们在说三国、演三国的时候,自然不会忽略了庞统。

但正如上文所说,由于庞统早死,他的本领得不到充分发挥,他的功业,也只有那么一点。艺人们觉得不满意,便拿出自己的"拿手好戏",亲自编造一番了。

这是出现一个庞统掠取荆州四郡的离奇故事的原因。

这故事开头说,周瑜正在巴郡养病,有个道家装束的人,在门外大笑三声,又大哭三声。周瑜听了,唤道人入来,问是何故。此人自称庞统,道号凤雏先生。他对周瑜道:"贫道笑是笑你江东无人与诸葛亮交战,哭是哭你元帅到此必休矣。"周瑜却不生气,问他天下大事。庞统答道:"曹操乱中原七十二处,孙权占江东八十一郡,刘备治西川五十四郡,天意早定了。"

正谈之间,人报张飞把周瑜沿路收取的州县,尽皆夺去了。周瑜气得咬牙切齿,不觉病势加重。便又问庞统:"我若不讳呵,怎生保存我这尸首也?"庞统道:"你一头身故,孔明能观天象,便早知道也。我把你的将星祭住,令它暗而复明。"便作起法来,祭了将星。

当日周瑜病死。死前修了一封书,把庞统荐与鲁肃。庞统吩咐甘宁、凌统,带领三军,护着棺材,返回江东。

早有孔明已知周瑜病死,却见将星不退,知是有人压住将星,便坐了小船,在江上拦住东吴船只,问船上有凤雏没有。庞统只好出见。孔明道:"我知周瑜已死,特来吊祭。"

祭奠已毕,孔明对庞统道:"你此去江东,用你便罢,不用,再回荆州来,俺们齐心共扶玄德。"两人分手。

庞统到了东吴,谒见鲁肃,递上周瑜的荐书。不想书上写的是"凤雏",庞统却说自己姓庞名统,字士元,名字对不上号。鲁肃瞧不起他,只命他做个丹阳县令。庞统大怒,离开江东,便向荆州而来。

原来孔明恰巧不在荆州,接见庞统的是简雍。简雍也和鲁肃一样,不知便是凤雏先生,又命他署理耒阳县尹。庞统无奈,只好领命前往。

谁知庞统来到耒阳,每日饮酒,百事不理。县里有个主簿庞直,他便将县尹之职交让与他。

简雍听说庞统到任后这般荒唐,即命张飞去取庞统首级。张飞来到耒阳,那庞直自称是县尹,张飞二话不说,一剑将他杀了,便回荆州交令。

话分两头。江夏有四个太守,是长沙韩玄,桂阳赵范,零陵刘铎,武陵金全。四人听说庞统足智多谋,便叫部将黄忠,拿厚礼到耒阳聘请庞统做军师。庞统欣然而去。四个太守有了军师,立时起兵造反,领兵杀向荆州。

此时孔明已回荆州,知道简雍气走庞统,投向江夏去了。又听到四太守领军犯境,孔明吩咐关云长、张翼德、赵子龙、刘封四将分头应敌。

且说刘封领一支人马去战武陵太守金全,正逢着老将黄忠,战不数合,被黄忠抽出铁鞭,打中左臂,大败而走。孔明接得报告,便叫张飞、赵云前去救援刘封。张、赵二将赶到前线,正遇庞统摆开阵势,黄忠出马迎战张飞,不分胜负。庞统把黄忠召回,授与一计。黄忠再出阵前,与张飞战不数合,诈败而走。张飞策马穷追,不觉闯入阵中,只见昏惨惨不辨东西,风滚滚无路可出。吓得赵云、刘封下马向庞统求告,请求免张飞一死。庞统笑道:"我且饶过这环眼汉一遭。"把黄旗往后一指,狂风立时停住,张飞这才逃出阵来。

却说孔明领着关云长随后赶到,阵前见了庞统,叙了旧情,邀请他共佐刘备。庞统却道:"你赢得黄忠再说。"孔明便命关云长出马,同黄忠斗刀。两员大将拼死交战,黄忠敌不过关公的刀,败回阵来。庞统对他说道:"孔明有鬼神不测之机,学问不在贫道之下。"黄忠也说:"刘玄德纳谏如流,敬贤礼士。我也有心要投降他。"当下由庞统授计,把金全请来观战,就在阵前,黄忠擒了金全献功。庞统这才说出自己的计策:"想这江夏四郡,军兵未定,以此贫道将这四路军马,都教归顺玄德公。这乃是庞掠四郡。先取荆州为本,后取西川为利。"庞统从此挂军师印,辅佐刘备。

  这段故事,《三国志平话》写得简略,杂剧《走凤雏庞掠四郡》比较详细,内容也有些不同。它无疑是宋元以来民间艺人的创造,故事虽然离奇,却又充满情趣。是为了塑造庞统这个著名的军师形象,特意安排的。

神奇老将——黄忠

在魏、蜀、吴三国的许多猛将中,黄盖被称为老将,而黄忠也被称为老将。

比起关、张、赵、马等人,黄忠是不是老些?这在《三国志》里并没有明白的交代。只有一句话可以推测,那就是当刘备进位汉中王,封关羽为前将军、黄忠为后将军时,刘备命费诗送官诰印绶到荆州与关云长。关云长听说黄忠封后将军,怒曰:"大丈夫终不与老兵同列。"[1]不肯受拜。经费诗晓以大义,才肯接受。关羽既称黄忠为"老兵",他的年纪自然在"五虎将"中最大了。这便是《三国演义》第五十三回说黄忠"虽今年近六旬,却有万夫不当之勇,不可轻敌"的来历。

黄忠是南阳人。南阳旧属荆州,所以他早年就投到荆州牧刘表手下,官拜中郎将。刘表既死,刘琮投降曹操,黄忠被调到长沙太守韩玄辖下任裨将。刘备于赤壁之战后南征武陵、长沙、桂阳、零陵四郡,韩玄开城投降(不是《三国演义》所

---

[1] 见《三国志·费诗传》。

说的被魏延所杀),黄忠从此归入刘备麾下,在平定西川时先登陷阵,勇冠三军,又在定军山斩了夏侯渊,建立大功,便与关、张、马超同列一级爵位。可惜第二年他就病死了。也许是年事已高的缘故。

史书上的记载便是如此简单。

小说家于是出来做文章了。

黄忠既然是"五虎将",自然有虎将的威风,所以他一出场就与众不同。《三国志平话》的描写与《三国演义》大有不同,带着十分浓厚的民间气息。《三国志平话》是这样描写黄忠的:

> 话说诸葛孔明亲率大军,进攻金陵郡(这是小说家的虚构,后汉时没有金陵郡)。金陵太守叫金族(这是金旋之误,金旋是武陵太守。武陵郡在今湖南常德市),命一大将出马抵敌,此人便是黄忠。孔明叫魏延出战,相杀两日,不分胜负。又叫张飞出马,张飞与黄忠交战,又不分胜败。前后十日,不能取得金陵。孔明于是派人到荆州,令关云长带五千军马前来助战。关云长带兵来到,与黄忠大战,依然不见输赢。当有庞统告知孔明,黄忠曾经自称:吾乃江南一贼,金族待我有恩,我当杀身以报;若金族死了,然后择主而事云云。孔明便想得一计,来日对阵,诈败一场,引金族追赶,赶至数里,孔明从坐车之中射出弩箭,将金族射死。再使庞统向黄忠劝降。黄忠大怒,决为金族报仇。张飞出马再与黄忠大战,战至一百回合,依旧不能取胜。孔明又使魏延助战,只见黄忠威力转

加。此时关云长怒发,纵马出阵,三将共斗黄忠。正斗之间,黄忠忽然马失前蹄(此是《三国演义》所本),翻在地上,却又就地跳起,举刀步战三将。关羽不禁赞叹道:"此乃大丈夫也,世上皆无。"孔明观战已久,至此命令三将回阵,亲向黄忠劝降。黄忠感激,愿意归顺,并请求葬了金族尸首。

这一段叙述,自然全是宋元说书人的虚构。情节倒是讲得生动,却不免太神奇了。

到了罗贯中手里,他就参照《三国志》的记载,改正了"金陵郡""金族"这些错误;却又吸取其中合理部分,另造情节,重新写了一回《黄忠魏延献长沙》(毛宗岗又改为《关云长义释黄汉升》),就成为《三国演义》现在的样子。故事仍然花团锦簇,却是合情合理,使人信服了。

黄忠本是一员降将,能写他虽是投降而又不失其威风,这是不容易的。

《三国演义》对魏延的污蔑

一、魏延是降将吗

《三国演义》第五十三回,写关羽带兵攻打长沙,与黄忠大战,长沙太守韩玄怀疑黄忠里通外应,要斩黄忠,幸而魏延挺身解救,杀死韩玄,献了长沙。不料诸葛孔明看出魏延"脑后有反骨",认定他"久后必反",下令将他斩首。亏得刘备阻止,才免魏延一死。

从这一回书开始,魏延便在读者心中成为反面人物,而佩服孔明有先知之明了。

魏延是不是真的造反,按下慢表,先说魏延的出身。

《三国志·魏延传》说,魏延是义阳人(今河南信阳市西北),"以部曲随先主入蜀,数有战功。"他出身是卑微的。原来后汉时,带兵的人可以自己招收流散失业的壮丁,归入自己部下,编为队伍,这些人称为"部曲"。他们对主人是一种依附的关系,带有半奴隶性质,当然其中有才能的,同样可以提升。魏延既是刘备的"部曲",就并非一员降将了。

魏延追随刘备日久,刘备对他的本领是深有认识的。下面这件事便是一个明证：

建安二十四年，刘备进位汉中王，正是击破曹军，斩了夏侯渊，取得汉中不久之际。汉中这个地区，当时何等重要，应派谁去镇守？关羽在荆州，不能离开，大家都以为应派张飞去，因为张飞正击破张郃，立下大功。不料刘备却提拔了魏延，命他督汉中军事，领汉中太守。这使军中大为惊讶。

魏延有没有辜负这个委托呢？他以后一直镇守汉中，并无军事失误。诸葛亮北伐时，派魏延督前部军马，又领丞相司马、凉州刺史。建兴八年，他又深入羌中，大破魏国雍州刺史郭淮，升征西大将军，进封南郑侯。这就可见其人确有军事才能。《三国志·杨仪传》说："亮深惜（杨）仪之才干，凭魏延之骁勇，常恨二人之不平，不忍有所偏废也。"也可见诸葛亮并没有歧视他，更不会认定他久后必反的。

但魏延恃勇矜功，性情傲慢，却是事实。他同丞相长史杨仪尤其不协，势成水火。据《三国志·费祎传》说："军师知魏延与长史杨仪相憎恶，每至并坐争论，延或举刃拟仪（拿刀出来对着杨仪威吓），仪泣涕横集（真是个胆小鬼）。祎常入其坐间，谏谕分别（为他们开解）。终亮之世，各尽延、仪之用者，祎匡救之力也。"可惜的是，诸葛亮一死，便立即爆发一场生死搏斗，结果魏延失败，"反叛"的罪名便落在他的头上了。

这是蜀国内部的一场悲剧。

魏延只是反对杨仪，并未反对诸葛亮，更不反蜀。这一点，下面来谈。

二、魏延死得冤枉

孔明在军中病逝,魏延和杨仪本来平日不和,此时更因爆发新的矛盾而火并起来,结果魏延被杀。

史书上记载这件事是颇有矛盾的。

一种说法是,诸葛亮病危时,秘密同杨仪、费祎、姜维商定退军计划。孔明死后,杨等秘不发丧,先派人探听魏延意见。魏延说:"丞相虽亡,还有我在,决不退军。如果叫我带兵断后,我也不干。"杨仪于是不理魏延,自己引军先退。魏延知道了,却又抢在杨仪前头,先行退兵,而且烧断栈道。杨仪等人从另一路追赶魏延,到了南谷口,两军相遇,魏延的士卒纷纷散去,于是魏延与数人南奔汉中,被马岱所杀。

魏国人写的《魏略》则说,诸葛亮临终时本来叫魏延代理军事,魏延遵嘱退兵,到褒口才发丧。杨仪因平日与魏延不和,怕被杀害,于是扬言魏延要率众反叛,起兵突攻魏延,魏延出其不意,逃走被杀。

两种说法不管如何矛盾,有一件事却是一致的,那就是魏延当时是一直向南走。《三国志》说魏延退到南谷口才遇上杨仪的军队;《魏略》说魏延退军到褒口(即南谷口)才为诸葛发丧。一按地图,我们就知道,南谷口离汉中郡(南郑)不过几十里,却离诸葛亮死的五丈原有几百里。魏延假如有心造反,怎会不北走投魏,反而南行几百里到汉中附近才忽然造反?魏延又不是小孩子,他岂不知道这是绝不可能成功的吗?

由于魏延与杨仪不和,孔明一死,内部便发生争执,争论不决,于是魏延和杨仪各自领兵南行,又各自向成都报告,都说对方不听调度,有意造反。及至到南谷口,两军相遇,展开战斗,魏延所领的只是先锋部队,人数较少,很快给杨仪统率的主力打败了。魏延一死,反叛的帽子就加在他的头上。本来元帅新死,军中内讧,不管谁有道理,失败者也总得吃亏,何况死无对证,于是罪名也就坐定了。这一推测,史学家吕思勉曾经提出来过,看来还是合理的。

魏延可说死得冤枉,但杨仪也并未因此大用,诸葛亮的位置由蒋琬继承。杨仪于是十分不满,对费祎说:"丞相死的时候,如果我带一支军队投降魏国,不是比现在好多吗!真是后悔莫及了。"[1]

这叫做不打自招。杨仪是个什么人,也可以想见了。

---

[1] 见《三国志·杨仪传》。

"五虎将"是小说家决定的

大家都知道,刘备手下有"五虎将"名号。五虎将便是关羽、张飞、赵云、马超、黄忠。《三国演义》在《玄德进位汉中王》一回中,说刘备称王后拜关、张等五人为"五虎大将"。罗贯中这样写,其实是照顾原来的民间传说,同历史上的事实并不一样。

《三国志》卷三十六将关、张、马、黄、赵合为一传,自有它的道理;但却无"五虎大将"的名目。五虎将是宋元间的说书人添进去的。《三国志平话》说,刘备封关羽为寿亭侯(其实是曹操早时表封关羽为汉寿亭侯,汉寿是地名,亭侯是侯爵中较低的一级。"寿亭"本不是侯名),张飞为西长侯,马超为定远侯,黄忠为定乱侯,赵云为立国侯,都是捏造,毫无根据。但已标出"五虎将"的名目,这便是《三国演义》所本。

刘备进位汉中王时,确曾晋升了一批功臣。拜关羽为前将军,黄忠为后将军,张飞为右将军,马超为左将军。这些将军相当于后来的三品官,下于大将军二等。大抵因为刘备还只称王,所以不便置大将军吧。后来进一步称帝,其时关羽、黄忠已卒,于是进张飞为车骑将军,封西乡侯;马超为骠骑将军,封鲦乡侯。鲦(tái),地名,汉置县,在今陕西省武功县西南。

赵云最初是刘备的"主骑"——可能是马军卫队长,所以他的责任是保护甘夫人和阿斗。因为出身如此,便不可与关、张、马、黄同列。刘备定成都时,赵云只是翊军将军;刘备称王称帝,他并未晋升。直到后主建兴元年,才升为征南将军,封永昌亭侯,又迁镇东将军。我们既知关羽在曹营时就被封为汉寿亭侯,以赵云的功业,永昌亭侯位置也不算高了(列侯功大者食县,小者食乡亭)。

这也是资格限人吧,"论资排辈"确实抑屈了不少人才。于是艺人们愤然把赵云升在"五虎将"之列。

一场政治婚姻的悲喜剧

《三国演义》第五十四回写周瑜用计,以"孙刘结亲"为名,把刘备赚到东吴,瞒过吴国太,立即囚禁刘备,要挟交回荆州。不料吴国太看中了这年已半百的新郎,结果反而使东吴白白赔了一个夫人。故事曲折动人,是继"赤壁之战"后的一大段好文字。

在《三国志》里,孙夫人只是夹在其他人的传记里零零星星地交代几句,没有特别描写;但《三国演义》却不同。孙夫人的章节虽然不多,却颇见性格,居然是个有血有肉的奇女子。影响到近世戏曲,《美人计》《回荆州》《截江夺斗》《祭江》等仍然是受欢迎的剧目。

《三国志》为刘备的甘夫人、吴皇后立传,不为糜夫人立传,也不为孙夫人立传。因为糜夫人早死无子(刘禅乃甘夫人所生),而孙夫人则终于"大归"之故。然而也有些遗迹可寻。《资治通鉴》卷二七六引"刘郎泬"注云:"江陵府石首县沙步有刘郎浦,蜀先主纳吴女处也。"这是有史可据的。

孙夫人同刘备"恩情中道绝"不足为奇,因为本是一场政治婚姻。孙权初意,把妹子嫁给刘玄德,只想借此加以软禁;

软禁不成,反而为刘备识破,这段婚姻就已埋下苦果;加上孙夫人又"才捷刚猛有诸兄之风,侍婢百余人,皆亲执刀侍立,先主每入,衷心常凛凛",显然不是贤妻良母这种型格。刘备对她的感情如何,也就可想而知。

孙刘结亲在建安十四年冬,刘备由荆州入蜀则是十六年冬,他俩夫妻情分仅仅维持了两年。这位年已半百的新郎离开荆州不久,孙夫人就还吴了。从此,她的踪迹再不见于正史。所谓孙夫人闻猇亭之败,祭江而死,是后人的杜撰。

孙夫人归宁,却带着年方四岁的阿斗,说她没有企图是说不过去的。赵云平时知道她的作风,这一回更感事情不妙,于是演出"拦江夺斗"一幕,最终决裂至此便不可避免。

不过,后代的文人,似乎以为孙夫人大归之后,从此踪迹不明,未免可惜,因此就制造出一些故事来。例如,在湖北公安县西有个孱陵故城,又名孙夫人城。《元和郡县志》云:"孙夫人城,在孱陵城东五里,汉昭烈夫人,权妹也,与昭烈相疑,别筑此城居之。"另外,安徽芜湖县西七里长江中有个蟂矶高十多丈,周围十余亩,上面建有一座灵泽夫人庙,也是纪念孙夫人的。相传孙夫人为了思念刘先主,于孙权黄武三年在此投江而死。后人就在此立庙。清人王县还写了《蟂矶孙夫人庙碑》。这不过是把民间传说加以渲染,让人们心安理得罢了。

文艺家却有文艺家的安排。他们都一致维护孙夫人的光明形象,虽则杂剧和《三国演义》在对孙夫人性格的处理上不尽相同。

例如元人杂剧《隔江斗智》写孙夫人(孙安小姐)一开头就知道孙权的阴谋,还同意了这种做法,不料同刘备一见面,

"女生外向",认为他是英雄,反而保护刘备闯出虎口,回荆州去了(参阅后文)。《三国演义》却又把开头那段删掉,让孙夫人成为一个坚决归向夫婿的贤德女性。这样处理,似乎比《隔江斗智》聪明些,但也因此减弱了戏剧性。

毕竟,孙刘的婚姻是一幕钩心斗角的政治把戏,孙夫人平白做了牺牲品。

元代杂剧《隔江斗智》与京剧《龙凤呈祥》

宋元的民间艺人,是怎样处理"孙刘结亲"这段故事的?想来许多读者都知道。

原来艺人是以诸葛孔明和周瑜二人互斗机谋作为故事主干的。所以元人杂剧的名目就叫《两军师隔江斗智》。"隔江"者,隔着一条长江也。杂剧铺演这段故事,也是波澜起伏,情节曲折,很是好看的。

起因是周瑜要用计夺取刘备的荆州。他趁着甘、糜二夫人逝去,刘备正在鳏居的机会,向孙权建议把妹子孙安小姐嫁与刘备为妻,然后从中用计。

周瑜的计策是,先由鲁肃过江说亲,得刘备应允之后,再送孙安小姐到荆州去。由甘宁、凌统两位大将带兵拥送,等东吴人马到了荆州城下,一声暗号,兵马杀入城中,夺了荆州。这是第一计。

假如此计不成,就叫孙安小姐在洞房之中,刺杀刘备,再回东吴。这是第二计。

孙权于是请出孙安小姐,向她说明计策,请她照计行事。孙安小姐起初不答应,禁不得孙权发恶,母亲又从旁规劝,只

玄德智取孫夫人

数日之内,
大排筵会,
孙夫人与玄德结亲。

好勉强依允。

这场政治婚姻就是这样开始了。

甘宁、凌统两员大将,护送孙安小姐的鸾驾,直向荆州进发。到了荆州城门,正要入城,不料横里跳出了猛将张飞,一声叱喝,只除了孙安小姐和梅香二人进城,其余人等一律回去,不然的话,一枪一个,决不留情。甘宁、凌统吓得失了主意。孙安小姐吩咐:"你们还是回去吧!"甘、凌二人巴不得这一声,立即撤退了。原来孔明早已识破周瑜夺城之计,预叫张飞埋伏在此,吓退吴兵。于是周瑜第一计完全破产。

孙安小姐进了荆州,刘备大排筵席,军师、关、张都来参加。孙安小姐看见孔明大有仙家气象,关羽、张飞虎将神威,更加上刘备真有帝王仪表,便把那洞房之中刺杀刘备的计策,丢到九霄云外,一心同刘备过美满的夫妻生活了。

周瑜的第二计又告吹了。

但周瑜还不死心,他又再生一计。待刘备和孙夫人结亲满月,回门拜见老夫人之时,便使众将把住江口,不放刘备回去,若不交还荆州,便把刘备杀了。

此计却又在孔明的意料之中,他故意让刘备过江。刘备同孙夫人去了几天,孔明便吩咐刘封,借口送暖衣御寒,将锦囊一个,到东吴交与刘备,又暗示刘备装作醉酒,掉下锦囊,让孙权拾着。

刘封依计而行,到了东吴,就在孙权和老夫人款待刘备的筵席上,把暖衣、锦囊交与刘备,暗下嘱咐一番。刘备会意,便装作大醉,把锦囊掉在地上,入内去了。

孙权拾起锦囊,打开一看,原来其中写着:今有曹操,为报赤壁之仇,亲率百万大军,要攻取荆州。为此主公且慢回来,待贫道分拨众将,把守关隘,再向吴王借些人马,抗拒曹兵。此事机密,万勿泄漏。

"哦!原来如此。我留他在这里做什么?不如放他回去,只不借兵与他,让曹操杀他不好!妹子,就今日收拾行装,与玄德公回荆州去吧!"

就这样,刘备和孙夫人拜辞上路,直向荆州进发。

周瑜听得走了刘备,急忙叫甘宁、凌统带兵拦阻,却因孙夫人平日威武,将二人喝退。周瑜大怒,亲自引兵追赶,将到汉阳江口。

原来孔明早已料到此着,命令张飞前来迎接。张飞传来军师的话,请主公和夫人改乘马匹,先回荆州,张飞在后护送。于是刘备和夫人上马去了。

却说周瑜带兵飞速赶来,看看赶上,只见一乘鸾车,停在路侧。周瑜只道是孙夫人在车上,便下马上前,跪下禀告道:"小姐,某周瑜定了三计,推孙刘结亲,暗取荆州。今日甫能请得刘备过江来,拿住他不放回还,这是某赚将之计。怎么小姐倒斥退众将,放走刘备,你便护着夫家,也不该这等哩!"

想不到帘子一掀,跳出来的竟是莽汉张飞,他狠狠嘲笑了周瑜一番。周瑜登时气得倒在地上,挣扎不起。

正是"周瑜空用千般计,赔了夫人又折兵"。

以上元代杂剧《隔江斗智》,情节还是入情入理,而且曲折有味;塑造的孙安小姐,也颇有性格;而周瑜的用计,孔明的料敌,针锋相对,也使观众感兴趣,所以是杂剧中较为成功的作品。后来《三国演义》便在此剧中取材,再根据历史事实

(如结亲时是在东吴,不在荆州),稍作改动,添上些新的花样(如赵云随行之类),流行至今,又成为京剧舞台上的大戏《龙凤呈祥》了。

勇将马超的虚虚实实
——他原是悲剧人物,却给"演义"写活了

马超是《三国演义》所着力描写的勇将之一。

他的出场是在第十回。写马腾、韩遂率领西凉兵征讨李傕、郭汜等四寇,"只见一位少年将军,面如冠玉,眼如流星,虎体猿臂,彪腹狼腰,手执长枪,坐骑骏马,从阵中飞出。"马超一出场,就刺死王方,生擒李蒙,英风四射。那时才是十七岁。小说虽然只有寥寥一段,马超的英雄形象便已深入读者的心中了。

再到第五十八回,写曹操杀害马腾,马超起兵雪恨,二十万大军第一阵杀得钟繇大败(钟繇是个文官,又是著名的书法家,小说说他能出马与马岱交锋,也是随手牵合),第二阵就攻入了长安,急得曹操放弃南征之议,亲自到潼关抵敌。这一回潼关大战,杀得曹阿瞒割须弃袍,险些丧命。接着在渭水交锋,曹操又被西凉兵逼入船中,一阵乱箭,幸赖许褚死战得脱。这两仗,写马超更似生龙活虎,勇不可当。

第五十九回更写出一场热闹的戏来。许褚号称虎痴,是曹操手下一员大将,"目射神光,威风抖擞",小说有意安排了马超与他的一场恶战。先是斗了一百余合,胜负不分,双方换

了马匹,再出阵前,又斗一百余合,还是不分胜负。许褚性起,索性赤体提刀,与马超决战。又斗到三十多个回合,"褚奋威便砍马超,超闪过,一枪望褚心窝刺来。褚弃刀将枪挟住,两个在马上夺枪。许褚力大,一声响,拗断枪杆,各拿半截在马上乱打。"小说写到这里,真是笔酣墨饱,使人看了也眉飞色舞。当时历史上虽然未必有此事,小说却必须有此描写,方能充分显出五虎将的神威。至此,马超的动人形象,已在读者心中牢牢地树立了。

但是小说作者认为这还不够满足,还要再掀起一个高潮。这就是在第六十五回的《马超大战葭萌关》。

本来,马超在潼关失败,逃回西凉,杀凉州刺史韦康,又被杨阜等人设计杀败,进退狼狈,只好投奔张鲁。在张鲁幕下,又被杨白等人猜忌陷害,就秘密写信给刘备,请求投降,其中并无与张飞厮杀的事。小说作者为了再替马超重重勾勒一笔,于是又撰出了同张飞大战这一幕。张飞的性格,自然和许褚有相似之处,也是越杀越性起的。两人开头也是"约战百余合,不分胜负"。张飞"不用头盔,只裹包巾上马",又斗百余合,"两个精神倍加",同许褚之斗略有类似。但是小说作者下去就变了写法,张飞要点起火把,安排夜战;马超也大叫:"张飞!你敢夜战么?"阵上二马相交,"点起千百火把,照耀如同白日",再战到二十余合,马超是暗掣铜锤在手,回身便打。张飞闪过,却拈弓搭箭,回射马超,马超也闪过。于是二将各自回阵。

这一战是既显了马超,又显了张飞,同是不分胜负,却又和战许褚的写法不同。这是小说家的"移步换形",手法颇为高妙。

小说家之所以必须写马超两场大战,是因为马超入蜀以后,便很少可以着手之处了。我们不妨从史实方面去看以后的马超。

马超在汉中穷途末路,进退两难,只好归降刘备。刘备拨出部分兵力,让马超率领开到成都城下,吓得刘璋失魂落魄,只好开门投降。马超因功封为平西将军。这些都是史实,《三国演义》照抄不误。可是马超以后却是非常寂寞的,终于郁郁而死。《三国演义》这就不提了。

以马超之勇,名气之大,归刘以后,本应独当一面,在军事上有所作为,而其实不然。刘备得了西川,守荆州的仍是关羽,守汉中的是魏延,守巴西的是张飞,而马超虽为平西将军,督临沮(临沮在今襄樊市南),其实长期住在成都。刘备称帝以后,他升迁为骠骑将军,领凉州牧,但这只是空衔,兵权还是没有的。

封建时代,等级、内外的区别非常严格,马超不属于刘备的嫡系,所以他在西蜀,一言一动都小心谨慎。不料有一回有人居然劝他造反,这就更把他吓坏了。

原来有个治中从事彭羕,原是刘璋时一个书佐,后来因受刘备信用,成为机要秘书,于是马上得意起来,把别人都不放在眼内。诸葛亮因劝刘备外调彭羕为江阳太守,彭羕心怀不满,临行时往见马超。马超顺口说:"以你的才干,大家都说应同孔明、孝直(法正字)诸人并驾齐驱,为什么调到外郡呢?"彭羕愤然道:"老家伙越来越荒谬了,有什么可说。"跟着又神秘地对马超说:"你能到外面起事,我在内里策应,天下是不难定的。"马超听了,大惊失色,默然不答,后来还把彭的话向上报告,于是彭羕因罪诛死。

马超"忧谗畏讥",更怕彭羕是有意试探,自然要向上报告,这不能说马超干得不对。

然而也可知他处境的艰难。他给曹操杀了满门二百余口,大仇未报;寄人篱下,无从施展,心情的凄苦可知。刘备称帝第二年,他就病死了,不过四十七岁。他的一生是可悲的。

《三国演义》对于彭羕这段史实,有意作了曲写。第七十九回说,彭羕和孟达是好友,探知刘备暗中要处置孟达,便派心腹人持书暗报孟达知道。不料此人半路被马超巡军捉获,马超知道此事,就故意用计,让彭羕说出反叛的话,然后去报告刘备。这样,就把马超"忧谗畏讥"的真相掩饰过去了。这也是小说家为了维护刘备的苦心。

应该大书一笔的张飞巴西之战

《猛张飞智取瓦口隘》这回书,写张飞与魏国猛将张郃大战,张飞智勇双全,连续杀败张郃,最后,逼得张郃弃马上山,寻径而逃,方得走脱。随行只有十余人,步行入南郑。真是大败亏输,出尽了丑。

在历史上,这确是一场关系重大的战役,假如是张郃得胜,占了巴西,成都便岌岌可危,不但不能进取汉中,刘备想在西蜀立足,也要困难十倍。所以张飞这场胜利,对蜀国建立实在是起了关键作用。

事情发生在建安二十年冬。那时张鲁已向曹操投降,汉中落在魏人手中。曹操便命令张郃率领大军,由汉中进取三巴(即巴西、巴东、巴郡,相当于今四川省东部)。当时张飞镇守巴西。张郃进军很快,同蜀军接触时,已进到宕渠、蒙头、荡石一线(在今四川渠县东北),真是来势汹汹,锐气正盛。

巴西所辖地区正处于四川盆地的东北,向西数百里便是成都,向南不远便是巴郡(今重庆市)。巴西失守,不止成都受到极大威胁,连益州与荆州的交通也有被切断的可能。所以这一仗至关重要。史书说:"曹公破张鲁,留夏侯渊、张郃守汉川,郃别督诸军下巴西,欲徙其民于汉中。"这是失败以后魏方粉饰的话,其目的岂是在于迁移人民。

这场战斗,《三国演义》写得花团锦簇,实在精彩。它写张飞一再用计,张郃又一再中计,于是魏军全军覆没。但《三国志·张飞传》记述却很简单:"(郃)进军宕渠、蒙头、荡石,与飞相距五十余日。飞率精卒万余人,从他道邀郃军交战,山道窄狭,前后不得相救,飞遂破郃。郃弃马缘山,独与麾下十余人从间道退,引军还南郑。"细看这段话,张飞是利用有利地形,先切断魏军的联系,然后歼灭其主力。张郃却因孤军深入,地形不熟,首尾不救,加上张飞又是一员猛将,以逸待劳,使张郃卒于大败。

巴西巩固,刘备便能乘势挥军北上,同曹操争夺汉中了。张飞立下大功,值得大书一笔。

据说,大约在明代,四川的流江县发现了一个摩崖石刻,通常称为《张飞立马铭》,又叫《八濛摩崖》,那铭文正是记述张飞大破张郃的。铭文只有二十二个字:"汉将军飞,率精卒万人,大破贼首张郃于八濛,立马勒铭。"八濛就在渠县的东北(流江县就是渠县)。这个摩崖,是否真迹,近人颇有不同看法,不过,就从这件摩崖石刻的存在,也足以见得张飞在这一战役中大胜张郃的重要性了。

罗贯中妙手出新招

一、曹娥碑和杨修之死

《三国演义》对于三国史实，取材广博，剪裁工巧，许多读者都能知道；其中有"移花接木"的，也有前人记载不尽翔实，《三国演义》能加以补救的。显出作者的灵心妙手。

且举三件事为证：

《三国演义》第七十一回写曹操亲率大军同刘备争夺汉中。兵出潼关时，望见一座庄园，乃是蔡邕之女蔡文姬在此居住。曹操入庄，文姬迎接上堂，曹操偶见壁间悬一碑文图轴，原来乃是曹娥碑。问起情由，于是文姬说出父亲蔡邕在碑背曾书"黄绢幼妇外孙齑臼"八个大字。随即便引出一段杨修的故事来。

上述这段事，本是出自南朝宋刘义庆的《世说新语》。书上说，曹操有一次经过曹娥碑下，看见碑背有"黄绢幼妇外孙齑臼"八字，他问跟来的杨修："知道它说什么吗？"杨修不假思索回答："懂得。"曹操拦住说："且慢！待我想想。"走了三十里，才说："我想出来了。你试先说。"杨修就指出这八个字是"绝妙好辞"的隐文。曹操只好叹息说:"我的聪明比你差了三十里。"

《世说新语》号称名著,后人多认为翔实可靠。不料这一回却犯了常识性错误。因为曹操和杨修生平从未到过长江以南,而曹娥碑却是立在会稽(今浙江绍兴市)的。他二人怎能"过曹娥碑下"共同议论?

罗贯中看出这里有问题(前人也已指出来过),于是轻轻拨了一笔,变成曹娥碑的拓本挂在蔡文姬的厅堂上。《世说新语》的错误就因此改正了。这真是颇见功夫的。

杨修的故事,本来同曹操争夺汉中也联系不起。因为杨修固然追随曹操到过汉中,还猜出"鸡肋"的意思是"弃之如可惜,食之无所得。以比汉中,知王欲还也"。[1]但杨修却不是被杀于此次战役。这次战役结束于建安二十四年五月,杨修被杀是在关羽攻樊城以后,也即这年的秋天。[2]他是在长安被曹操杀的。

《三国演义》作者为了尽量利用那些他认为有价值的材料,往往把其中的人物、时间、地点加以改换、移置。杨修之死提前了几个月,同样是出于这种考虑。因为这么一来,那些像零玑碎玉似的小材就能嵌联在一起,整本书就更显出丰富多彩了。

《三国演义》的这种技巧委实是大可借鉴的。

---

[1] 见《三国志·武帝纪》引《九州春秋》。
[2] 见《三国志·陈思王传》引《典略》。

二、华佗未见过关云长

《三国演义》的作者善于牵合。华佗为关羽刮骨疗毒,又是一个显例。

华佗是后汉末年的名医,《后汉书》和《三国志》都有他的传记,还记载了他不少医案,可谓详细。

他是被曹操杀死的。但不是如《三国演义》说的在建安二十四年曹操病重之时。

华佗之死,最迟在建安十三年。《三国志·华佗传》说:"及后(曹操)爱子仓舒(即曹冲)病困,太祖叹曰:吾悔杀华佗,令此儿强死也。"仓舒死在哪一年呢?是建安十三年,也是刘备从荆州逃到夏口,狼狈万分的时候,那时华佗早已被杀了。

史载关羽中箭,并不明指在水淹七军那场战役,自然也不是给庞德射了一箭。华佗早死,替他刮骨疗毒的自是另一个医生。退一步说,纵使华佗仍然在世,而当魏、蜀双方交战,打得难分难解之时,华佗一向在北方行医,不可能越过防线,冒险到蜀营去为关羽治病的。

当然,华佗能刮骨,毫不为奇。《后汉书·方术传》说:"若疾发于内,针药所不能及者,乃令先以酒服麻沸散,既醉无所觉,因刳破腹背,抽割积聚。若在肠胃,则断截湔洗,除去疾秽。既而缝合,傅以神膏,四五日创愈,一月之间皆平复。"他显然是个非常高明的外科医生,开刀的手术是天下第一流的。

他又是针灸的专家,一般疾病,针灸不过几个穴位,便立

关云长刮骨疗毒

公饮数杯酒毕,一面仍与马良弈棋,伸臂令佗割之。
佗取尖刀在手,令一小校捧一大盆于臂下接血。……
佗乃下刀,割开皮肉,直至于骨,骨上已青;
佗用刀刮骨,悉悉有声。
帐上帐下见者,皆掩面失色。
公饮酒食肉,谈笑弈棋,全无痛苦之色。

即痊愈。

曹操常患头风,华佗一加针灸,随手而愈,自是事实;但华佗并没有把他的病彻底根除,于是引起多心的曹阿瞒怀疑,以为华佗有意拖他的病,杀机便起于此。

而"报应"却又落在他的爱子身上。

《三国演义》的作者牵合史实,让华佗到关羽营中治病,便使故事增添传奇的色彩,这当然是罗贯中的高明;而小说家在另一处还借华佗之口,给曹操开了一个玩笑:

> 某有一法:先饮麻肺(按,应作麻沸)汤,然后用利斧砍开脑袋,取出风涎,方可除根。

华佗还不曾发明开颅术,《三国演义》作者的言下之意,以为曹操既是奸臣,在理应处以砍头的刑罚的。这却颇有点幽默。

附带说一句,史学家陈寅恪从佛经中考证,说《三国志》记述华佗的许多医案,都是从佛经中抄来的,所以华佗不是什么太高明的医生,断肠破腹的事,也不可信云云。这却过分相信了佛经,又过分不相信中国史籍了。中国古代文明的高明程度,确实不是后人容易理解的。

谁来负责关羽的惨败

先说一个故事：

北宋年间，汴京常常演出皮影戏。剧目中有不少又是演三国故事。有一富家子弟既是影戏迷，又是三国迷。每当看到关羽败走麦城，被擒送到吴国斩首，就哭泣起来，哀求弄影戏的人"刀下留人"。有一回，又演至"斩关"一场，富家子照样提出请求。那弄影戏的人道："关公不死，戏就演不下去了。不过，关公是古来猛将，既死之后，其鬼甚猛，应该大排筵席，祭祀他的灵魂，让他得生天国，那就等于不死了。"富家子高兴极了，立刻唯唯答应。于是拿出一笔酒钱，招来数十名无赖子，"斩关"之后，大酒大肉，致祭一番，于是大家都说"关爷爷升天去了"。

此事记于《明道杂志》，是张耒亲见亲闻，自然不会是假的。由此可见三国故事在北宋时，已经演出连场戏，并且是深入人心的了。

关羽北攻襄阳、樊城，消灭于禁七军，擒杀庞德，威震华夏，然而先胜后败，被吕蒙袭取荆州，乃至败走麦城，兵败身亡。这确是三国局势变化的一个大关键。

为什么他失败得如此之惨？难道应了兵法上的"其进锐者其退速"这句话么？

谁又应负关羽失败的责任？

明末思想家王夫之写了一本《读通鉴论》，对于关羽是颇有不满的。一则说：吴、蜀的盟好不终，关羽败死，失了荆州，于是曹操乘机，急于篡汉了。关羽怎能逃脱责任？再则说，鲁肃一心要安抚关羽，他不是怕刘备，不过想两国并力抵抗曹操罢了。可是关羽不理会这点。因为赤壁之战是诸葛亮定的联吴之计，关羽看见这年青的书生立了功，就产生妒忌，连主张联盟的鲁肃也加以妒忌，于是鲁肃和孔明的原定计划打破了。

王夫之还进一步指责刘备。他说，关羽原是可用之才，然而卒至于败亡，却是刘备骄纵了他。刘备入蜀时，留关羽镇守荆州，命诸葛、张飞、赵云跟随入蜀，那是认为关羽可以信任，而且有勇。其实处在同东吴若离若合的情势下，依靠关羽这种自恃武勇的人，岂能使孙刘双方安然无事？假如刘备留下孔明镇守荆州，又有张飞、赵云为辅，便可以北攻襄阳、邓县；至于取西蜀的事，刘备自己就足够了。只因为刘备相信孔明不如相信关羽，就把事情弄坏了。

以上两段议论，我以为大体上是可以成立的。

然而毕竟关羽的责任要多一些。

史书上虽然没有记载关羽和孔明不和的事，可是确有不和的迹象。《三国志·诸葛亮传》说：刘备和孔明"情好日密，关羽、张飞等不悦。先主解之曰：孤之有孔明，犹鱼之有水也。愿诸君勿复言。羽、飞乃止"。表面上是"止"了，内心怎样？

关羽看不起孔明，大家是多少能感觉得到的。一则关羽素来轻视士大夫,孔明这个"能文不能武"的人,自然不在他的眼内。二则关羽比孔明约大十八九岁,关羽封为汉寿亭侯时,孔明不过是高卧草庐的年少书生,在地位上关羽自认也比他高得多。三则在荆州时,孔明还未表现出了不起的功勋。赤壁之战,关羽自率水军二万人,是一方面的大将,而孔明虽有联结孙权的功绩,在关羽看来,仍是微不足道的。至于孔明入蜀以后的表现,关羽因留守荆州,知道的甚少。以关羽的自傲,也不会十分尊重孔明的。

许多人都会奇怪,关羽北攻襄、樊,单方面作战,却未闻西蜀方面加以支援。有人会苛刻地问:"这时候,智慧无比的孔明到哪里去了?"这是难以回答的一问。确实,不但孔明,连刘备也在成都坐着,不动声息。这其中有什么秘密?如今无人能够回答。但是,刘备是否过分信任关羽,认为他的单方面作战必能一举成功呢? 这也很难说。

至于孔明,他也许提出过意见,但是刘皇叔不肯接受;也许因平时与关羽不甚和谐,此时便沉默不言,都有些可能。总之,刘备的骄纵,关羽的自傲,其中便产生了人事上的微妙关系。这责任却不应由诸葛公来承担。

在一个大集体之中,由于出身不同,地位差异,以及在上者的偏爱,在下者的恃宠,甚至性格不同,思想方法各别,都可以产生或大或小、或隐或现的矛盾。这些平日隐伏的矛盾,在一定的条件之下,就会以某种形式爆发出来,对进行中的事情产生非常严重的不良后果了。

历史上这种悲剧难道不是不断发生的吗?

曹操的庞大家族

曹操有二十五个儿子（女儿多少，史无记载），分由十三个后、夫人、姬所生（没生儿女或只生女儿的夫人或姬也不知有多少）。这真是一个大家族。

在这个大家族中，长子叫曹昂，是刘夫人所生。他二十岁左右就被举为孝廉（在郡国所属的吏民中推举，可以到中央做官，是当时进身途径之一）。我们知道曹操也是孝廉出身，有这样一个"好儿子"，未来太子的位置肯定落在他的身上。可惜此人在宛城之战中被张绣所杀了。

曹丕、曹彰、曹植、曹熊，都是出身于倡家的卞皇后所生。其中曹植年少能文，而且援笔立就，很得曹操的宠爱。曹彰却是赳赳武夫，在北方前线立过战功，曹操称他为"黄须儿"。他性格勇悍，又有战争经验，也颇有争夺太子地位的资格。

曹熊早死，可以不论。

还有环夫人生的曹冲，是个出色聪明的小家伙。有一回，曹操想称量一下一头大象的轻重，苦于没有这样大的秤子。曹冲那时只有五六岁，他建议把大象放到船上，察看水痕的高低，再牵象出来，把小物件放在船上，直至同大象在船时的水痕齐平，然后分别称量那些小物件，累加起来，便是大象的体重了。真是聪明绝顶的好主意。(按，近代学者陈寅恪认为，曹冲称象故事是伪造的。他以为称象故事原出于佛典的《杂宝藏经》，虽然此书为北魏时所译，魏晋人未见此经，但又认为此故事仅凭口述，亦能流传至中国，遂附会成为曹冲故事。我却以为这种论调太不相信中国人的智慧，假如印度人能够懂得称象之法，中国人何以就不懂？陈氏又说中原没有大象，但大象从南洋诸国输入，当时大有可能，这也不能否定曹冲的故事。)他又有爱人之心，对于冤枉受刑的人，误犯过失的人，或代他伸冤，或替他说情，好几十人都因此免罪。可惜他十三岁就病死，曹操要立他为太子的想法因此落空。(曹丕登位后对人说："若使仓舒在，我亦无天下。"仓舒是曹冲的字)

此外还有十九个儿子，都是夫人或姬所生。

其中还值得一提的是秦宜禄前妻杜氏所生的曹衮。他年少好学，十余岁便能文章，史书说他"凡所著文章二万余言，才不及陈思王而好与之侔（同）。"可惜他的著作如今一篇也没有留存下来。

正因为家族大，矛盾就多。互争太子的事，人所共知，不用多说。曹丕登位以后，对兄弟的提防戒备更严，虽也照例封他们为侯为王，但都分散各地，不许互相来往；还不时改变封地，以免他们树立地方势力；王国之内，仅有老弱兵丁百余人，根本无武装可言。而且还有所谓监国谒者，奉曹丕之命专门监视诸侯王的一举一动，其地位等于"太上皇"。如此一来，皇族子孙就等同流放，虽也可以在乡里作威作福，却毫无干预朝廷军政的能力了。这些措施，同曹丕的猜忌心理当然是大有关系的。

而司马懿父子正是看中了这个机会,"三马同槽",轻轻就取代了曹魏天下。

曹操不怕掘墓人——扑朔迷离的"七十二疑冢"

相传在河南省漳河边上,有曹操的七十二个疑冢。据说是曹操怕自己死后为人掘墓,因此生前就建立了七十二个坟墓,个个相似,用以迷惑世人,保存自己的尸体。这个传说,不知起于何时。

南宋孝宗年间,诗人范成大出使金国,道经漳河,便看见七十二冢,并有诗云:

> 一棺何用冢如林,
> 谁复如公负此心?
> 闻说群胡为封土,
> 世间随事有知音。

因为当时地方人士还时时为七十二冢添土保护,所以有末二句。可见金代本地人对曹操还是有好感的。但有些南宋人却不同。如俞应符有诗大骂道:

> 生前欺天绝汉统,死后欺人设疑冢。

人生用智死即休,何有余机到丘垄?

人言疑冢我不疑,我有一法君未知:

直须尽发疑冢七十二,必有一冢藏君尸。

这个传说很多人都相信。直到清代,诗人查慎行还写了《曹操疑冢》诗说:

分香卖履独伤神,歌吹声中穗帐陈。

到底不知埋骨地,却教台上望何人?

曹操死前,遗命给儿子,把他的姬妾和伎乐人都安置到铜雀台,台上放着他的床帐,每朝用酒食祭祀,每月初一、十五奏乐一次,希望儿子们登台遥望他的西陵墓地。又叫妾侍们无事时织鞋子出卖,打发日子。所以查慎行这诗是充满嘲弄意味的。

曹操是不是有疑冢,下面再谈。事实上并未听说过有谁去发掘这七十二个疑冢。漳河边上,也许曾有几十个土堆,很像坟墓的样子吧;曹操也确实葬在漳河边的西门豹祠堂附近,即邺城之西高原上,称为高陵。假如谁真要去发掘这几十个土堆子,一定得费很大的劳动量,所以竟是无人有勇气去这样干了。

在后汉战争初期,曹操曾经到处发掘坟墓,搜求金宝。这是见于陈琳骂曹操的檄文中的。汉代的帝王和贵族,盛行厚葬,所谓玉匣珠襦(金缕玉衣),前些年也曾出土过,足见奢侈之一斑。他既掘过人家的坟墓,害怕自己死后,坟墓也被别人发掘,这种心理不能说绝不会有,所以七十二疑冢之说,也由此而产生。

不过曹操却不是崇尚奢侈的人,反之,他却提倡节俭,并且以身作则,亲自奉行。《三国志》说他性节俭,不好华丽,后宫衣不锦绣,侍御履不二彩,帷帐屏风,坏则补纳,茵褥取暖,没有缘饰。对于厚葬更是反对,以为把大量衣服送进棺墓,毫无好处。他自己只预备了送终的衣服四套。便是果真有人掘他的坟墓,也是毫无所获的。

由于他推行节俭,魏国的官员也不敢不遵行,甚至还有不少人为了讨好这位丞相,故意装出一副穷相。《三国志·和洽传》载:"今朝廷之议,吏有着新衣、乘好车者,谓之不清。长吏过营,形容不饰,衣裳敝坏者,谓之廉洁。至今士大夫故污辱其衣,藏其舆服;朝府大吏,或自挈壶餐,以入官寺(衙门)。"可见一时的风气。有一次,曹操登高远望,看见曹植的妻子在宫内穿起华丽的衣服,认为她破坏家法,大为震怒,竟下令将她赐死。可见他执行节俭政策的严厉。

直到他临死的时候,还下令说:"天下尚未安定,未得遵古也。葬毕,皆除服;其将兵屯戍者,皆不得离屯部;有司各率乃职(各守岗位)。殓以时服,无藏金玉珍宝。"

没有可盗的东西,曹操是不怕后人去盗墓的。

至于说他由于自己罪恶深重,便怕后世人掘他的坟墓,那是后人的看法,曹操不会这样想。因为他自以为是汉室的忠臣,"设使国家无有孤,不知当几人称帝,几人称王。"他宣称自己是保护了汉家王朝的,岂有自认罪恶深重呢!

七十二疑冢之说,是把曹操作为反面人物以后的人的杜撰,其实是根本不存在的。至于《反三国志》写马超入许昌后便尽掘七十二疑冢,那不过是翻案文章罢了。

前人有时说得幽默:"人言疑冢我不疑,我有一法君莫知。七十二外埋一冢,更于何处觅君尸?"

可见掘尽七十二冢,也未必找得着曹阿瞒尸体的。

真是无独有偶,原来湖北汉川县[1]附近也有一个"疑冢"。据说,这个疑冢又叫同冢,在县西一百四十里。民间相传,因为曹操赤壁之战失败以后,逃到此地,叫兵士赶造一座坟墓,伪称曹操已经死了,用来迷惑孙、刘的追兵云云。[2]这是有趣的传说,自然于史无据。不过,人们认为曹操狡诈多端,所以疑冢就不止一处了。

---

[1] 汉川县即今汉川市。编者注。
[2] 见顾祖禹《读史方舆纪要》卷七十六。

用古代天文学猜破的哑谜
——"狮子宫中,以安神位"

《三国演义》第六十九回,写了一个善于占卜的管辂,卜卦极有灵验。这不是小说作者的凭空捏造,《三国志·管辂传》早已如此记载。此人当时确曾享有盛名。至于所谓灵验,当然是封建迷信时代的附会,且不去管它。

但《三国演义》作者又确实添上一些枝叶,让这个占卦先生更显得神奇。他添加的有两个卦。一是预卜天下之事,管辂卜的卦说:

三八纵横,黄猪遇虎。定军之南,折伤一股。

这个卦是预卜夏侯渊被杀的。《三国演义》第七十一回写夏侯渊在定军山下,被老将黄忠冲到跟前,"连头带肩,砍为两段"。事后曹操方悟管辂之言:"三八纵横,乃建安二十四年也。黄猪遇虎,乃岁在己亥正月也。定军之南,乃定军山之南也。折伤一股,乃渊与操有兄弟之亲情也。"可以说把四句卜辞都解清楚了。

为什么"三八纵横"便是建安二十四年?因为古代卜辞常

用乘数的算法，说"二八"就是十六，说"三九"就是二十七，所以"三八"便是二十四了。为什么"黄猪遇虎"是己亥正月？因为古代用十二生肖纪年，亥年属猪，所以说"黄猪"；正月又叫寅月（从汉代开始，以建寅之月为正月），寅属虎，所以说"遇虎"。有点历法知识的人，是容易理解的。

可是另外一个卜辞却很考人，它说：

> 狮子宫中，以安神位。王道鼎新，子孙极贵。

批点《三国演义》的毛宗岗只能说："为曹丕篡汉伏笔。"解后二句大致不错；不过什么是"狮子宫中，以安神位"，就从来没有人作过解释。

把这两句解通了，我们可以得到十分有趣的结论。

原来古代埃及、希腊把天上的黄道（从地上看日月和行星经过的行道）平分为十二宫，每宫占三十度，各系以名称。即宝瓶、摩羯、人马、天蝎、天秤、双子（又叫双女）、狮子、巨蟹、室女（又叫阴阳）、金牛、白羊、双鱼，都是西洋星座名。但中国古代却不叫十二宫，而叫十二次，名称也不同（如宝瓶宫中国叫玄枵）。西洋的十二宫何时传入中国，未可确考，但至迟也在宋代。证据就是宋人陈元靓编的《事林广记》有一张《十二宫分野所属图》，它将西洋十二宫的名字同中国的十二个州分别配搭起来，如宝瓶配在青州，摩羯配在扬州，人马配在幽州等等。这个图恰好给我们解释"狮子宫中，以安神位"两句话提供最好的证据。原来这个图的狮子宫，配的地区是"三河"。三河就是汉代的河东、河内、河南三郡（见《史记·货殖传》)。河南郡的洛阳是东汉首都,也是曹魏的首都。曹丕在洛阳登位称帝,曹操又是死在洛阳的。由此我们便知道,狮子宫指的地区是三河,具体指的是洛阳。所以管辂这卜辞就是说:曹操将来要在洛阳安上神位,他的子孙又做了皇帝。这是惟一合理的解释。

进一步我们又知道,这个卜辞的制作者是参照宋代通行的十二宫的说法来撰写的,也许他还看过《事林广记》呢。奇怪的是,罗贯中在《三国演义》里能解释"三八纵横",却不能解释"狮子宫中",那么,这个卜辞到底是罗贯中自撰的还是宋代说书人早已创造,仍然是个未能解决的问题。

曹操与"下九流"

左慈戏弄曹操一段书,读者也许觉得有趣,要问:历史上是否真有其事?

小说固然难免夸张,但罗贯中并非凭空捏造,他有他的根据。

秦、汉本来是迷信之风甚盛的社会。秦始皇、汉武帝都求长生,找神仙。皇帝如此,下面自然风从草偃。于是有人去学辟谷(不吃饭),像汉初功臣张良;有人想炼出黄金,像淮南王刘安和学者刘向;有人迷信谶纬(类似《刘伯温烧饼歌》的东西),王莽、刘秀是著名的两个;有人书符念咒,像读者熟知的于吉;也有人讲阴阳五行。到了后来,什么占卜星相,拜神召鬼,辟谷导引,"房中术"等等,都大行起来了。左慈不过是其中的一个。

但在曹操手下,还远不止一个左慈。

曹操是个好奇的人物,他手下收罗了一批江湖术士(有人把他们归入"下九流"中去),这同他"惟才是举"的主张颇有一致之处。

他到底罗致了多少江湖术士,已不可考,但却有几个著名人物,像读者熟悉的左慈和管辂。左慈据说是懂得"房中术"的,管辂是善于占卜的。还有甘始、东郭延年也都晓"房中术"。而朱建平却又是个"看相先生",周宣专门替人解梦,郗俭据说善于"辟谷"。这一群人物,都集中在魏国,从曹操以下,许多王公大人都相信他们这一套。

《后汉书·甘始传》曾揭出曹操的好奇心理,说:"甘始、东郭延年、封君达,三人者皆方士也,率能行容成(人名)御妇人术。或饮小便,或自倒悬,爱啬精气,不极视大言;甘始、元放(即左慈)、延年皆为操所录,问其术而行之。"

好个"问其术而行之",可见这位"一世之雄"也颇信点异端邪说,还要亲自试验一下。他搜罗了几十个妻妾,生了一大群儿女,想来也曾学了一些"房中术"吧?

七步成诗的曹植似乎不大相信这些,却又要替父亲解嘲,说曹操怕他们煽惑群众,所以把他们集中起来,不让他们四出活动。他有一篇文章说:"世有方士,吾王(指曹操)悉所招致。甘陵有甘始,庐江有左慈,阳城有郗俭。甘始能行气导引(大抵是所谓吐纳之术,道士兴这一套),左慈晓房中之术,俭善辟谷。悉号三百岁。卒所以集之魏国者,诚恐斯人之徒,接奸诡以欺众,行妖慝以惑人,故聚而禁之。"(见《弘明集》)

聚是聚了,禁却不是真禁。当时魏国出现了一些怪事:郗俭所到之处,茯苓价钱登时涨了几倍;甘始宣传导引之术,于是到处有人引头曲项,仿效他的呼吸吐纳;左慈来了,又有许多人学"房中术"。最可笑的,有个太监叫严峻,也要左慈教他"房中术"。(见曹丕《典论》)太监怎么去"御妇人"呢?可见旁门左道也真颇有市场,有些人简直像中魔了。这多少和曹操的"聚而不禁"有关。

还是曹植说得好:"纳虚妄之词,信眩惑之说,隆礼以招不臣,倾产以供虚求……经年累捻,终无一效,或没于沙丘(指秦始皇),或崩乎五柞(指汉武帝),临时虽诛其身,灭其族,纷然足为天下笑矣。"

曹植不相信长生不老,比秦皇、汉武要强多了。

左慈的魔术

据《后汉书》的记载来看,左慈在曹操跟前玩弄的,颇似近世的魔术。他能在大筵会中,拿来一个铜盘,放上水,用竹竿钓出很多鲈鱼来。又能变出生姜。不过鱼是松江的,生姜是西川的,却有点神奇。又有一回,曹操出到郊外,从者百余人。左慈只携了一升酒,一斤肉,在他的摆弄下,竟然变出百十斤酒,百十斤肉,让在座的人,莫不醉饱。曹操心中猜疑,叫人到附近看看卖酒卖肉的人家,原来这些人家的酒肉都已不翼而飞。这也颇像近代魔术中的"搬运法"。不过书里还说曹操要捉拿他,他"却入壁中,霍然不知所在",以及变成几百个同形的人,又走入羊群中,所有的羊都变成老公羊。这些就未免事涉神怪,难以使人相信了。

《三国演义》是有意利用左慈的故事来嘲弄曹操的,自然也添了些自己想出来的新鲜花样。其中,左慈奉劝曹操弃了官爵,跟他入山修道,把丞相的位置让给益州刘玄德,更分明是"尊刘抑曹"的说书人顺手生发,有意向曹阿瞒开了个玩笑。

《三国演义》写左慈乘鹤飞去,不知所终。其实左慈是跑到东吴去了。不过《三国演义》没有说。

左慈到东吴,有大名鼎鼎的金丹家葛洪写的《抱朴子》为证。此书说:

> 昔左元放于天柱山中精思,而神人授之金丹仙径。会汉末乱,不遑合作,而避地东渡江东,志欲投名山以修斯道,予从祖仙公,又从元放授之。

从葛洪的自述,知道左慈到东吴后,把金丹术传给葛洪的从祖葛玄,葛玄再传郑隐,郑隐又传与葛洪。可见左慈是葛洪的祖师爷,又是丹鼎派的传授人,并非仅仅懂得房中术而已。

还有,孙策杀了道士于吉,而孙权却与乃兄相反,不但收罗了一批道士,还向他们学隐形之术。而所有这些故事,《三国演义》都来不及去提了。

于吉——一个大有来历的道士

《小霸王怒斩于吉》这一回,读者只觉得这于吉无非是个兴妖作怪的道士,对他没有什么好印象。

其实这个人是大有来头的,他同黄巾军领袖张角还有些师兄弟渊源呢。

原来在汉顺帝时(公元126年—144年),这个于吉已在民间传道。他传的道,同张角一样也叫太平道。《三国志》说:顺帝时,有个道士叫宫崇的,上了一本书给皇帝。名叫《太平清领书》。据说是他师父于吉在曲阳(东汉曲阳在今江苏省沭阳县东,西汉曲阳在今淮南市东)泉水上得到的神书,共百余卷。[1]又《后汉书·襄楷传》说:这本书是"以阴阳五行为家,而多巫觋杂语"。也就是用阴阳五行学说来占卜祸福,预测时运的迷信玩意。当时朝廷的官员看了这书,认为"妖妄不经",把它没收了。不过此书也假借了一些天灾、星变的事,来劝告统治者"修德行善"的,所以并没有治襄楷的罪。《襄楷传》又说:"后张角颇有其书焉。"可见后来黄巾起义,也同于吉有些关

---

[1] 见《三国志·孙策传》注引《志林》。

孙策怒斩于神仙

策叱武士将于吉一刀斩头落地。
只见一道青气,投东北去了。
策命将其尸号令于市,以正妖妄之罪。

系。张角自称"太平道",它的宗旨就出自《太平清领书》,这是可以肯定的。

但是于吉和张角毕竟没有同走一条路。于吉不搞武装暴动,只是在江南一带传道。史书上说于吉在吴会(今江苏苏州市)"设立精舍,烧香读道书,制作符水以治病,吴会人多事之"。[1]有一次,孙策大会宾客于郡城门楼上,于吉却穿起华丽衣服,携一漆画的木箱子,从楼下走过。诸将宾客中竟有三分之二的人下楼去迎拜他。这就触怒了孙策,把他关起来。信奉他的人都使妇女入见孙策的母亲求情,孙母也替于吉说好话。不料更激怒了孙策,卒于把他杀了。

于吉在顺帝时已经传道,至建安五年(公元200年)被杀,死时大约已九十多岁。这事在当时是很不得人心的,所以孙策死后,就产生了于吉索命的神话,还说于吉的尸体半夜就不见了云云。[2]

看来于吉是个从事传教的教长,他的宗教固然曾影响了张角,对东汉末年那次农民大起义也有一定促进作用,但他本人却没有参加进去。近人有说于吉是个游方道士或江湖医生之流[3],或说于吉是中途失败的农民领袖[4],恐怕未必很恰当的。

他的《太平清领书》又叫《太平经》,原有一百七十卷,现

---

[1] 见《三国志·孙策传》,注引《江表传》。
[2] 见干宝《搜神记》卷一。范文澜《中国通史简编》第二编第三章说被杀的于吉是冒名顶替的于吉。很有见地,可惜证据不足。
[3] 见吕思勉《三国史话》四。
[4] 见吕振羽《中国政治思想学说史》。

只残存五十七卷,收在明代的《道藏》里。前些年中华书局出版了王明编的《太平经合校》,编者认为"全书的大义代表中国道教初期的经典","其中有朴素唯物主义观点和辩证法因素,又有反对剥削阶级聚敛财货等思想",是中国哲学史有价值的资料。

于吉竟是我国哲学史上有一定地位的人物哩。[1]

---

[1] 《后汉书·襄楷传》于吉作干吉,当是字形相近致误。

"扮猪吃老虎"的书生——陆逊

读《三国演义》的人,看到第八十四回《陆逊营烧七百里》,对于这个"书生拜大将"的陆逊,莫不刮目相看。原来这位平时并无赫赫战功的书生,一旦领兵,居然如此厉害!

其实陆逊也不是以前毫无战绩,不过《三国演义》作者腾不出笔墨去写他,就让读者以为他纯然是个书生罢了。

陆逊原是江东的大族,祖父做过城门校尉。父亲做过九江都尉,孙策病死后,曹操表孙权为讨虏将军,领会稽太守。这是建安五年的事。陆逊便在此时参加孙权的幕府工作,这年才二十一岁。

不久,陆逊出为海昌屯田都尉,会稽(今浙江绍兴)有个贼首潘临,占据山岭,作恶多端,陆逊亲入险地,讨平山贼。又有波阳贼首尤突在地方作乱,陆逊发兵收剿,一举平定。不久,丹阳贼帅费栈又受曹操收买,企图作乱,又是陆逊领兵征讨,把费栈击破。

从上面几件事看来,陆逊虽然是个书生,却同时又有胆识,行军打仗,并不外行。不过这些事迹,在三国时代算不上很显赫罢了。

到了关羽北上进攻襄阳、樊城的时候，陆逊这个书生就看出机会来了。他趁吕蒙称病回到建业，就去见他说："关羽是个骄傲自大的人，曾经立过大功，更加不可一世了。如今一心想着北攻曹操，对东吴并不防备，我们能出其不意，袭取荆州，关羽是一战可擒的。"吕蒙听了，未肯相信，却又认为陆逊很有见识。当孙权问他谁能接替他的工作时，吕蒙就说："陆逊很有深谋远虑，可以付托；而且他又没有很大名气，关羽不会顾忌他。让他代替我，将来很有好处。"

陆逊果然代替了吕蒙。他第一步就是写了一封语气十分谦卑的信，自称"书生疏迟，忝所不堪"，大赞关羽擒获于禁，建立同晋文公、韩信一样的盖世功勋；又说曹操狡猾，应该多方防备。意在引诱关羽向前线增兵。关羽果然中计，陆续抽兵北上。那结果是大家都知道的，不须细说。

陆逊便是这种善于"扮猪吃老虎"的人物。

刘备也是中计的一个。他征伐孙权时，开初锐气正盛，一再寻求决战，可是都被陆逊的"免战牌"挡住了，只好屯兵山间达七八个月之久。假如对手是一位声威显著的老将，刘备也许会小心加强防备，不至于如此轻敌，不料刘备又以为陆逊是一介书生，无甚本领，军心松懈，于是又吃了一次更惨的败仗。

《三国演义》的评点者毛宗岗说："书生而有大将之才，不得以书生目之。"并且指出春秋时代的邵縠、唐代的张巡、宋代的岳飞，都同是名将，也同是书生。这话说得不错。因为书生和大将本来不是绝对对立的；甚至可以说，有大将之才的书生，或者有书生气质的大将，对敌人来说，也许更具危险性。

击败刘备后,陆逊自然声名远震。以后吴、蜀讲和,双方不再兵戎相见,陆逊的注意力便放在对付魏国方面,曾经大败曹休于夹石(今安徽桐城县[1]北)一线,曹休又气又恼,疽病发背而死。此后吴、魏双方的战争较少,只有一次,孙权北征,命陆逊进攻襄阳,由于孙权自动退军,陆逊也徐徐撤退,没有战功。但他总算是继周瑜、鲁肃、吕蒙之后的一个东吴大将,对于巩固孙权的政权,是立下重大的功勋的。

---

[1] 桐城县即今桐城市。编者注。

关兴、张苞是"好心人的产物"

《三国演义》写到关羽、张飞遇害以后,就用强烈的笔墨、浓厚的兴趣来描写两员小将,一个是关羽的儿子关兴,一个是张飞的儿子张苞,在刘备征吴一役中,两小将冲锋陷阵,屡立战功,而又互相呼应,彼此救援,仿佛又是一对兄弟,写得颇为出色。读者真会以为这是实有其人,也确有其事了。

关兴、张苞是实有其人,但却不是实有其事。

关兴是关羽的儿子,但他不是一员武将。《三国志》对他的记载很简略,不过是"少有令问,丞相诸葛亮深器异之。弱冠为侍中、中监军、数岁卒"这几句。"令问"是好名声的意思,可知他早就有点名气;侍中是皇帝的近臣,主持朝廷礼节,保护皇帝安全,以及答复皇帝咨询等;中监军则是在京城监督军事的。这两种职务固然重要,但却用不着亲自带兵打仗。关兴二十上下就担任这两种官职,说明他是年少有为的人物,但死得太早,说不上有大的建树。

张苞的记载更简单了,仅仅得"长子苞,早夭"五个字(《三国志·张飞传》)。张飞的继承人是次子张绍,可知张苞死于他父亲遇害之前。他也没有当过什么官职;倒是他的儿子

关兴救张苞

忽一道红光闪处,李异头早落地。
——原来关兴见张苞马回,正待接应,
忽见张苞马倒,李异赶来,
兴大喝一声,劈李异于马下,救了张苞。

张遵官至尚书,后来在绵竹同邓艾作战时牺牲,不愧为名将的后代。

古代说书人对于史书上这样简单的记载,显然是不满意的。于是他们大胆驰骋想像,再塑造两个小英雄来。正如《说唐》故事,既出现了罗成、秦琼、尉迟恭,就继之出现罗通、秦怀玉、尉迟宝林一样,《杨家将》不是既有杨令公、杨令婆,有一郎至七郎,这还不够,还有什么杨八姐、杨九妹,更有穆桂英、杨文广,乃至十二寡妇等等吗?《后水浒传》也出现了一批梁山英雄的后代,在反抗金人中出了大力哩。这是说书人的心愿,也是听众们的心愿。他们总希望英雄人物也有个英雄的儿子,能够继承父业,发扬英雄传统,而不是窝囊废,更不是变成"衙内"。

而且在刘备征吴这场大战里,少了这两员小将也实在显得寂寞。当时刘备手下实在没有什么名将,史书上只记载了吴班、陈式、冯习、张南、黄权五人;后来黄权投向曹魏,冯习、张南战死,吴班、陈式一生又未见赫赫战功。说书人对他们都不感兴趣,索性由自己来创造两个小英雄,于是场面热闹,听众也满意了。

写历史小说有时也像行军打仗:虚者实之,实者虚之;虚中有实,实中有虚……腾挪变化,要看你的本领。

罗贯中"刀下鬼"不少
——为了挽回刘、关、张的面子

《三国演义》有真有假,人所共知,但假也有几种不同情况。有为了艺术的需要而假,有为了增加读者的兴趣而假,也有为了达到"尊刘抑曹"目的而假的。为了"尊刘",作者不惜改造历史,移置事实,这一类例子很多。其中,刘备征吴一役,最为明显。

刘备征吴以惨败而结束,《三国演义》不能完全改造,因为如说刘备大获全胜,以后的章回就写不下去了。(这些翻案的事,后来由写《反三国志》的周大荒担任起来。)但作者却要想方设法替刘备挽回一点面子,于是就出现许多怪事。

怪事之一是说甘宁与番王沙摩柯交战,被一箭射中,走到富池口,死于大树之下。

史书并没有说甘宁战死,他是在西陵太守任上病死的。西陵领阳新、下雉二县(今湖北阳新、通山县地),阳新县东的富池口,面临长江,江边建有纪念甘宁的庙。南宋时,加封甘宁为昭毅武惠遗爱灵显王,祠宇由岳飞重加修葺,十分壮观。据说其神甚有灵验,因此香火极盛(见陆游《入蜀记》)。明、清两代续有兴建,成为名胜。可是甘宁并没有到猇亭同蜀兵交战；而且即使交战，猇亭在宜昌市南，离富池口几百里，甘宁也决不会带箭走几百里回到富池口才死的。

怪事之二是说关兴追赶潘璋，入一老人家中投宿，恰遇潘璋亦到，关公忽然显圣，吓倒潘璋，关兴斩了潘的首级。

史实是：当时潘璋确与陆逊同拒刘备于猇亭，但并未战败，反而斩了冯习，立下功劳。其后更升为平北将军，襄阳太守，又晋为右将军。他一直活到孙权嘉禾三年，即后主建兴十二年（诸葛亮即卒于此年），晚年志得意满，享用甚丰。甚至横行不法，杀人夺取财物，但孙权因他立过大功，不加过问。此人可说是作恶多端却又逃脱了刑罚的幸运儿，何尝是死在关兴手下。

怪事之三是糜芳、士仁在吴军中暗杀了马忠（擒获关羽的潘璋部将），然后逃回刘营，结果却又为刘备所杀。

实则糜芳、士仁自从投降以后，一直在东吴做官；[1]猇亭之战，他二人从未出场。马忠更不是被他二人暗杀。

此外，说孙权把谋杀张飞的范强、张达押送交给刘备，自然也绝无其事。

为了挽回刘备一点面子，《三国演义》作者想方设法，制造出许多明明违反史实的情节来。潘璋、甘宁之死，马忠之被杀，糜芳、士仁之丧命，范强、张达的下场，都集中在猇亭之战中（见第八十三回）。这样一来，关羽、张飞的仇敌都算得到了

---

[1] 糜芳在黄武二年（公元223年），还追随吴将军贺齐袭击叛将晋宗，把晋宗俘虏回来。见《三国志·吴主传》。

报应,读者似乎也皆大欢喜了。其实都不过是罗贯中的刀下鬼而已。

这到底是聪明还是笨拙？读者不妨自己来下个判断。

洛神和曹植的爱情故事

三国时代,有一篇极著名的文章,是曹子建——阿瞒的四公子写的《感甄赋》,又叫《洛神赋》。

此赋是曹丕称帝之后,曹植入京朝见哥哥,回路经过洛水时写的。为什么叫《感甄赋》呢?因为曹植和他的嫂嫂甄皇后,开头时有过一段爱情关系,不料好梦难圆,甄氏反而变成曹丕的妻子。如今甄氏又被曹丕所杀。曹植哪能不"感甄"呢!

甄氏名洛,是汉末名士甄逸之女。她以区区妇人之身,却颠倒了曹家三父子;又以寡妇之身,而能贵为皇后。这在中华几千年历史中是绝无仅有的。她真不愧为女中奇杰。

本来,娶个寡妇做妻子,在三国时代乃是十分平常的事,毫无值得大惊小怪之处(请参阅本书《三个皇帝与三个寡妇》)。便算由寡妇晋封皇后,当时也不止甄洛一人。蜀将军吴懿的妹妹,即刘瑁的寡妻吴夫人,在刘备称帝后也册封为皇后,满朝文武,包括诸葛孔明在内,无人异议,表现了真正的男女平等。若是20世纪的温莎公爵能读三国历史,他必然振振有辞地反驳那些歧视寡妇的封建头脑吧。

然而有一点她又高出一筹。吴皇后和徐夫人再嫁时,都没有发生"三角纠纷",而她却发生了"四角事件"。可见魅力更在二人之上。

邺城失守,曹丕抢先跑进袁府把甄洛抢走,曹操就酸溜溜地对人说:"俺做老子的辛辛苦苦打下邺城,难道就是为了那小子么?"原来老瞒早就打她的主意,只不过又碍着父子关系,没法像对待关云长那样,不得不终于咽下那口酸气罢了。

曹阿瞒原是色鬼,且不说他;四公子曹子建却是另一个人物。原来甄洛待字闺中的时候,他已非常倾慕,曾托人向其父求婚,只因时世荒乱,好事难成。不料后来她却嫁了那一无才学二无勇力的袁熙公子,真使四公子伤心已极。及至邺城陷落,子建以为时机到了,不想又是慢了一步,甄洛落入他哥哥之手。这一回,她和子建变成叔嫂关系,名分一定,结合的愿望永成泡影了。

不幸子建又是个情种。他仍旧朝思暮想,废寝忘餐,忘不了她。这当然有他的理由,他是最先发现甄洛,并且早就向她求婚的。名分销蚀不掉他的爱情,又有谁敢指摘他是妄图非分呢!

甄皇后被曹丕"赐死"以后,子建甚至也不相信她真的死去。因为外间就有传说,她原是洛水女神的化身,如今回到洛川,仍旧是洛水女神(她名字就叫洛)。子建恐怕是真的相信了。

黄初四年,子建进京朝见皇帝哥哥,这位哥哥不知出于何种心理,却吩咐太监拿出甄后生前用过的玉镂金带枕头来,向他炫耀。又不知道是他良心发现,有意显示自己的宽容,还是立心把子建狠狠刺激一下,他竟把枕头赐给那不幸的失恋者。显然,子建一见枕头,便受到极大的刺激,再也抑制不住自己,抱着枕头当场放声痛哭。

他进入昏迷状态了。在昏迷里走出皇城,来到洛川。据他说,就在这时候他看到了洛神。他在《感甄赋》又叫《洛神赋》里描写洛神那"翩若惊鸿,宛若游龙","凌波微步,罗袜生尘"的美妙体态,还说同她倾诉了平生心事,说了许多体己的话,临了,洛神又赠给他一颗大明珠,然后悄然隐去了。

从前有人认为子建确实是会见了洛水女神,那哀艳缠绵的一幕是实有其事;但照笔者看来,不过是曹子建在极度悲痛中产生的幻觉而已。因为甄氏名洛,他就想像她必然是洛水之神的化身,经过洛水时,他头脑中的幻象出现了,似乎果真是看见了,交谈了,人神交感了。一个情场的彻底失败者,就只剩下这一点点幻觉了。

三个皇帝与三个寡妇

丧妻再娶,丧夫再嫁,这本是人情之常,封建社会却要维护"夫权",对女的偏生歧视。几百年来,寡妇再嫁,总受到社会上有形无形的阻力和压力。

这应该"归功"于儒家的说教;儒家演变而为道学家,更强调妇女不事二夫,对妇女更加歧视,压迫也更厉害了。这是历史的倒退。

三国时代的风气却还不致如此。魏、蜀、吴三个开国皇帝娶了三个寡妇,便可以窥其一斑。

读过《三国演义》的人都知道"曹丕乘乱纳甄氏"。这个甄氏原是袁绍的媳妇,袁熙的妻室。曹操攻破邺城,曹丕随军开入,首先跑到袁家,就将甄氏据为己有。据说当时曹操知道此事,还不无嫉妒地说:我打下邺城就是为了这小子么!又据说,曹植当初是要娶这个女子的,不料好事难成,使他遗憾已极。后来写了一首《洛神赋》,便是假托洛神来纪念甄氏的,所以《洛神赋》又叫《感甄赋》云。甄氏后来生了明帝曹睿和东乡公主,但结局并不美满,她是受到谗毁,被曹丕赐死的。

一个寡妇,即使"仙女下凡",也未必就足以使后世的道学家视为珍宝,父子兄弟都想争夺。只因为那时是毫不计较这个问题的,所以甄氏不但不受别人的歧视,反而成为皇后(死后才追封的)。这是后世所罕见的。

刘备平定益州以后,糜夫人、甘夫人都已逝世,孙夫人又已回娘家。照理,蜀国不是找不到一个合适的少女,可是群臣却劝刘备聘娶同宗刘瑁的寡妇吴氏,这也是后世罕有的。当时刘备还嫌自己和刘瑁是同宗,不便娶他的遗孀。法正却说:"若论到亲疏关系,主公还及不上当年晋文公和子圉呢。"原来,子圉是晋文公的亲侄儿,晋文公却娶了子圉的妻子怀嬴。春秋时代,这些事都不算犯什么礼法。刘备听了,便也打消了顾虑,立吴氏为夫人了。

史书上并没说吴氏是个美人,也不记载她有什么好品德。到底群臣为什么都推荐她?无可查考,只能阙疑了。

至于孙权娶的那位徐夫人,则更让人吃惊。原来这位夫人是孙坚亲妹的孙女儿。孙坚的妹子嫁与徐真为妻,徐真生子徐琨,徐琨生徐夫人。可知徐真的嫡妻是孙权的姑母,徐琨便是姑表兄弟,而徐夫人便是孙权的表侄女了。徐夫人本已嫁了同郡的陆尚,陆尚早死,孙权就把她娶过来,这就难怪后人的讥评了。倒不是他娶了个寡妇,因为近亲结婚,现代科学也认为是不合适的。

那时,贵族人家女儿也不以再嫁为耻。例如孙权的长女大虎,初嫁周瑜的儿子周循,循死后又嫁给全琮;幼女小虎也是先嫁朱据,朱据死了,再嫁给刘纂(小虎的另一姐夫)。蔡文姬也算"名门望族",在乱世中,她先嫁给匈奴人,回国后再嫁董祀。当时都认为是理所当然,无人非议的。

最后,让我们再看看曹操自己对这问题是怎样说的。

曹操在建安十五年建铜雀台后,志得意满,为了表示自己没有代汉的野心,便写了一篇《让县自明本志令》。文中先说自己开头不过想望封侯,做征西将军,就已满足,谁知身不由己,此后征袁术、破袁绍、平荆州,身为宰相,人臣之贵已极,为了不使别人猜疑自己有篡汉之心,平日就反复对别人和儿子讲不要忘记汉朝的恩典,不要背叛汉室。于是他说:"孤非徒对诸君说此也,常以语妻妾,皆令深知此意。孤谓之言:顾我万年之后,汝曹皆当出嫁。欲令传道我心,便他人皆知之,孤此言皆肝鬲之要也。"

曹操在这个令中,公开宣称,他死了之后,妻妾都要出嫁的,她们可以把他的志愿向别人宣传。由此可知,三国时代,认为寡妇改嫁是合理现象,正如男人丧妻可以续弦一样。谁也不会歧视。连曹操自己也宣称并无例外。当时的社会风气如何,不是非常清楚吗?

至于曹操死时,吩咐妾侍分香卖履,把她们安置在铜雀台上,和《让县自明本志令》完全相反,那又是他的奸雄本相,属于另外一回事了。

黄色竟有这等魔力吗

读者可曾注意后汉、三国时代出现的几个"黄"字吗?

张角起义,口号中有个"黄"字,叫"苍天已死,黄天当立"。

曹丕代汉,他的年号叫"黄初"。

孙权的年号,先叫"黄武",后又改为"黄龙"。

为什么不谋而合都用了这个"黄"字?

原来在后汉,"黄"字是代表一种气运。

但是说来话长,姑且简单点说吧。

我们祖先知道世界万事万物是极为复杂的,为了便于说明问题,有人就采用了归纳法,把世界物质简化为五种东西,就是金、木、水、火、土,又称为"五行"。又有人研究一下,发现这五种物质居然还有相生相克的关系。所谓相生,就是金生水,水生木,木生火,火生土,土又生金。所谓相克,就是金克木,木克土,土克水,水克火,火又克金。虽然是浅显的道理,倒也把五种不同的东西都联系起来,对于古人认识世界,也不无好处。

不过这一发现,却被一些唯心主义、宣扬天命论的人利用上了。

据一些人说,五种东西都各自有一种颜色。金是白色,木是青色,水是黑色,火是红色,土是黄色。又据一些人说,金是属于西方的,木是属于东方的,水是属于北方的,火是属于南方的,土是属于中央的。这已经有点玄虚了。

封建统治者是非常迷信的,尤其相信"天命"。他们自认是"天之子",是上天旨意叫他统治老百姓的。这个"天命"更应该让老百姓知道,好使老百姓服服帖帖,接受"天子"的统治。

那么,为什么有些王朝消灭了,又有新王朝兴起?"天命"是怎样转移的呢?为了解释这个问题,好让老百姓"安心",于是又有人"发明"了"五德终始论"。

"五德终始论"是说,每个王朝都有一个上天注定的"德",也就是"五行"的本质。"五行"是有相生相克的关系,所以新王朝代替旧王朝,不是五行相生,便是相克。上天就是根据这个来决定王朝的新旧交替的。

秦始皇代替了周王朝,统治者就说,因为秦王朝代表水德,水能灭火,就把代表火德的周王朝消灭了。可是秦朝很快又灭亡了,代它的又是什么呢?汉初的时候,议论纷纷;到了汉武帝登位后,统治者才确定自己是土德,因为土又克了秦朝的"水"。

西汉末年的野心家王莽是个迷信鬼,他一心想自己当皇帝,于是也来制造天意。他相信国师刘歆的主张,硬把汉朝说成是火德,而自己是代表土德的,火能生土,自己代汉也是"天意注定"——真是随你怎么说都可以。

东汉光武帝也是个十分迷信的人。他相信图谶说"刘秀发兵捕不道,四夷云集龙斗野,四七之际火为主"的鬼话,登位以后,就自称"运应火德",从此,后代史家就称汉王朝为"炎刘"。自然,当时上下人等,都知道汉王朝是以"火德"自居的。

到了东汉末年,政治腐败不堪,农村经济破产,农民要起义了。他们索性"以子之矛,攻子之盾",为了发动群众,张角于是宣称"苍天已死,黄天当立"。他不承认汉朝是火德,只说"苍天已死",也就是东汉王朝合该灭亡了;起义者一方是"黄天",注定要继之而起。所以张角的军队一律用黄布包头,以区别于东汉王朝。封建时代,农民也是相信天命的,这不能怪他们。

再说曹丕为了取代汉朝,他也得找个理由,遮一遮丑。他以为最好的理由莫过于说"天命转移"。自然,臣下也心领神会。所以在他篡汉之前,就到处传说,某地有黄龙出现,正应着"土运当兴";天上的黄帝星座大放光明,而赤帝星座隐匿不见;甚至荧惑(火星)也失色不明十多年了。制造这许多鬼话,无非说明"土德"要代替"火德"罢了。果然,曹丕就以"土德"自居,坐上天子的宝座,把他的年号定为"黄初"。黄初就是"土德之初"的意思。

不料自称"土德"的还有另一个,此人便是孙权。孙权也要做皇帝,就说鄱阳有黄龙出现,应的也是"土德",于是孙权先把年号定为"黄武"。武有继承的意思,是"以土继火"。到正式登皇帝位,又改元"黄龙"。那意思也差不多。

还有那个末代皇帝曹奂,大势旁落,一切权力都集中在司马氏手中时,便又出现一件怪事:襄武县出现一个三丈多高的巨人,满头白发,身穿黄袍,头裹黄巾,向人说,如今天下太平了。忽然不见。于是同年十二月,司马炎就代魏为帝。这也是黄色作了先兆。

只有刘备不用"黄"。他是继承刘家的帝位的,自然不须改变"天命",他还是火德。他的年号叫"章武",是取《尚书》"天命有德,五服五章"的意思。刘禅又有年号叫"炎兴",显然也是以火德自居。

只一个"黄"字,也借用了来作为政治斗争的手段。对三国故事有兴趣的读者,倒是不可不知道的。

"代汉者当涂高也"——一句挑起野心的怪语

《三国志》和《三国演义》都曾记录了东汉末年在社会上流行的一句谶语:"代汉者,当涂高也。"(涂,通途。)

谶是一种迷信的预言。用一些隐晦的游移不定的话来预测未来的事件,就叫谶语;还加上图像的就叫图谶。旧时一度流行的《刘伯温烧饼歌》,就是这种玩意。一个王朝每当衰败的时候,就会有谶语出现,也一定会有人利用谶语,来达到某些政治目的。

"代汉者,当涂高也。"意思是说汉王朝气数已尽,注定要有新的代替它;而代它的便是"当涂高"。

"当涂高"三字意思隐晦,又像谜语。谁是"当涂高"呢?于是就有人费尽心思去猜测。

首先认为自己是"当涂高"的是那个无才寡德而又自命不凡的袁术。

袁术和袁绍是堂兄弟(一说异母兄弟),他们的高祖袁安,官至司徒;安子袁敞官至司空;孙袁汤官至太尉;曾孙袁逢、袁隗,都位至三公。所以袁术、袁绍自称"四世三公",门第之高,无人能比。

自从黄巾起义,继之董卓弄权,东汉王朝势成瓦解,于是袁术就以为天命落在自己身上了。什么天命呢?他认为汉代的火德已衰,代火的应是土德,而自己姓袁,袁上有土,所以他正是土德的代表者。此是其一。他又认为自己名术,术是城邑内的道路,他又别字公路,所以谶语的"当涂高"就是指他袁术。这是其二。

后来听说孙坚在长安得到传国玉玺,就更以为汉王朝气数已尽,无可挽回了。为了得到这个象征天命的宝贝,他更是不择手段,把孙坚的妻子拘留起来,逼她交出玉玺(《三国演义》记载略有不同,这是根据《三国志》)。玉玺有了,他的野心就更大。献帝建安二年,他便在寿春正式做起皇帝来,自称"仲家",设置公卿百官,郊祭天地,还要把吕布的女儿接来做太子的"冢妇"。

这简直是迷信到了入骨的程度。他的彻底失败,当然是无可避免的。

袁术失败以后,第二个捡起这句破烂谶语的是曹丕。

建安二十五年,曹丕篡汉的时机已经成熟,于是有个叫许芝的太史丞就引用谶语,说:"当涂高者,魏也;象魏者,两观阙是也。当道而高大者魏,魏当代汉。"原来古代的宫殿祠庙前面通常都建有两个高大的台,台上又有楼观,在两台之间留个空阙的地方,这种建筑就叫阙或双阙。许芝说"当涂而高"正是这个东西。它又叫"象魏"。于是就证明以魏代汉,正是"天意"了。

说穿了,"天意"不过是人意。这个人意又不是众人之意,而是有权力的人的私意。写在纸上的字是死的,人的嘴巴是活的,谶语不过是些游移不定的东西,随你怎么解释都可以,问题是在于谁有解释的权力。既然袁术以失败告终,这个"当塗高"就不是"公路";曹丕却建立了魏王朝,所以解为"象魏"便是理所当然的了。什么图谶、《刘伯温烧饼歌》之类,都是一个道理。

天下军事亦难预料——"隆中对"一半成泡影

诸葛孔明第一次在草庐会见刘备,就对他分析了天下大势。后人称这篇谈话为《草庐对》,也叫《隆中对》。

这篇谈话具有极中肯的预见性。他指出在目前的形势下,不可能同曹操、孙权争夺地盘,因为曹操"已拥百万之众,挟天子以令诸侯"。而孙权又"据有江东,已历三世,国险而民附,贤能为之用"。目下只有刘表的荆州和刘璋的益州,可以拿过来作为根据地,形成与孙、曹三分天下的局面。

孔明这一分析,切合时势,又是完全行得通的。

果然就在赤壁之战以后,刘备和孙权分了荆州,留关羽镇守,刘备自己则亲率部队,沿江西进,攻占了益州,进一步又挥军北上,在定军山斩了夏侯渊,击败曹操的救兵,把汉中地区收归己有。于是鼎足之势形成。这是汉献帝建安二十四年(公元219年)五月的事。

同年七月,刘备就在沔阳(在定军山之北,今陕西勉县东)进位汉中王,提拔魏延为汉中太守,自己回到成都坐镇。

"隆中对"的第一步计划完成了。那么,诸葛孔明的第二步打算又是怎样的?

他说:"若跨有荆、益,保其岩阻,西和诸戎,南抚夷越,外结好孙权,内修政理;天下有变,则命一上将,将荆州之军以向宛、洛(今河南省北部);将军身率益州之众,出于秦川(今陕西省南部),百姓孰敢不箪食壶浆以迎将军者乎?诚如是,则霸业可成,汉室可兴矣!"

这段话中,有四个字是关键中的关键,那就是"天下有变"四个大字。

所谓"天下有变",就是敌人方面发生重大变故。这变故或者是敌国内乱;或者是两敌交战,两败俱伤;或者是其他什么使敌人力量大受损失的事件。否则就不叫"天下有变"。

但是随后的事情发展却和孔明的预计恰好相反。蜀国方面等不到"天下有变",自己却先变起来了。

建安二十四年八月,也就是刘备进位汉中王还不够一个月,关羽就首先发动了军事进攻。

有些史家说,关羽此时出兵是有利的。因为前一年南阳地区的侯音曾起来反对曹操,说明曹操在荆州北部并不稳定;二则刘备正夺得汉中,声势正盛;三是前不久孙权进攻合肥,关羽可与孙权遥相呼应。

话是有理,可惜都是表面现象。因为侯音反曹势力不大,很快就被消灭;孙权攻合肥,更不过是一种姿态,他其实念念不忘荆州;刘备得汉中,固然可以增加声势,但此时刘备已返成都,曹操便无西顾之忧,仍可以专力对付关羽。这些都说不上"天下有变"。

曹操又是何等样人?这个合"奸雄"与"英雄"为一身的身经百战的老家伙,还没有死;手下良将大批仍存。便是倾吴、蜀两国之力，也未必能灭亡得了魏国，何况是一支孤军？关云长未免把战争看得太简单了。

看来，刘备和关羽都有点因胜而骄。刘备取得汉中，立即称王；称王以后，不驻守汉中而返回成都，单独让关羽向襄樊进军，这就同孔明"隆中对"的荆州、益州同时进兵的计划不相符合了。关羽消灭于禁七军以后，为了扩大战果，陆续把荆州兵力抽空，而益州却没有向荆州派遣一兵一卒，这岂不是太麻痹了。须知孙权从来没有放弃夺取整个荆州的野心，即使关羽不是骄傲自大，拒绝孙权为儿子求婚的要求，孙权也是会乘虚而进的。

以后的事情，大家都知道。关羽被阻于襄樊前线，进既不能，退又可惜。吕蒙于是乘虚偷袭了荆州。关羽归路断绝，兵败身死。于是孔明的"两路出兵"计划成为泡影。

虽有"天下军师"，无奈"主公"一意孤行，又倾全国之兵，征吴复仇，猇亭一败，精锐全失，更是完全违背孔明"隆中对"的初衷了！

这叫做"天下未变蜀先变"。孔明的"隆中对"只完成了前面一部分。

刘备也心狠手辣——一句话掉了脑袋的张裕

你在舞台的三国戏里看惯了刘玄德的扮相了吧。真是龙眉凤目,一脸福相;尤其是那一把大胡子,飘洒胸前,风度十足。

他是中山靖王之后,如假包换的龙子龙孙;后来又位登"九五之尊"。正是福人有福相,既不像那莽莽撞撞的张翼德,也不似满脸涂朱的关云长,自然更与曹孟德的大白脸形成强烈对照了。至于吕奉先的轻浮,周公瑾的小量,更不似"帝王气象",没有可比的。

假如你这样来肯定历史上的刘先主,认定他必然长成一副雍容贵气,那就不妨套用一句俗语——"大跌其眼镜"了。

再假如,在舞台上,一个演员光着下巴,宛似太监,却蟒袍玉带,朝椅子当中一坐,口中念道:"孤王,刘玄德是也。"我想,你肯定会和满场观众一道,为之哗然的。

"那个像太监的人便是刘玄德吗?"

是的,正是这个人,是刘玄德的"标准相"。

其实并不是所有皇帝都有一大把胡子的。撇开那些少年便驾崩去了的"皇上"不说,便是年纪老迈的帝王,也有光着下巴的。大家都相当熟悉的朱元璋便是其中之一,他到老来,依旧"五岳朝天",就是看不见一把胡子。

不像现在,古人以蓄须为美,男子汉大丈夫而光下巴,起码就欠缺英雄气象。所以"美髯公"是个赞扬的美号。有人为了保护他的美髯,还制造了须囊之类哩。南朝谢灵运是个美髯公,他后来被杀,人们可惜他那把大胡子,特地割下来装在一个神像的下巴上;李靖为了给姐姐煎药,让火烧了一些胡须,当时传为美谈。至于舞台上的吕布和周瑜都没有胡须,那不过强调他少年得志,或者便于同台上的美人调情而已。这已是近世的观念了。

确实,刘备是没有胡子的,像个太监。当年袁绍等人入宫杀十常侍时,刘备倘也混身其中,一定会当做宦官给人杀掉了。

然而也因胡子的事,引出一个杀机。此事见于正史。《三国志·周群传附张裕传》说,刘备在涪州同刘璋会晤时,张裕是州后部司马,大家坐在一起淡话。张裕是个大胡子,刘备觉得他模样可笑,就拿他的大胡子开了一个玩笑,刘备说:"我从前住在涿县,县里姓毛的人很多,东西南北都是毛。所以涿县县令对人说:'诸毛绕涿居乎?'"谁知张裕毫不示弱,也回敬了一个笑话。他说:从前上党潞县有个县长,后来调到涿县做官,到罢官回家时,有个朋友给他写信,不知该怎么称呼,因为称他潞君又丢了涿县,称他涿君又丢了潞县,于是只好称他为"潞涿君"了。

"潞涿君"是很刻毒的嘲笑。因为潞同露谐音。涿同啄谐音,又同椓谐音。啄是鸟嘴,露啄说他光着嘴巴没有胡子;而柞是太监的意思,露柞就简直嘲笑他像个太监了。一语双关,弄得刘备哭笑不得。

刘备当时很生气,却又没奈何他。到了登位以后,终于寻事把张裕杀了。诸葛亮曾问刘备,为什么要杀张裕?刘备却答说:

"芳兰生门,不得不锄。"[1]

张裕自然也有取祸之道。他是个占星家,却对人说:"岁在庚子,天下当易代,刘氏祚尽矣。主公得益州,九年之后,寅卯之间当失之。"简直是造谣惑众,扰乱人心。

在《三国演义》里这件事没有记载,因为未必便用得上;而大抵又要"为贤者讳",以免损害刘备的完美形象。

---

[1] 芳兰:兰草,是菊科植物,同兰花不同。芳兰可以到处生长,有时就长在人家门口,于是被人锄掉。比喻一个有用的人,假如阻断人家的去路,也要踢开的。

痛定思痛之后——论"白帝城托孤"

征吴大败之后,刘备不是撤退到成都,而是驻守在白帝城(在今四川奉节县)。在白帝城住了十个月之久,直至病死。

这很可以看出刘备的性格。

他知道自己一败涂地,无法再度组织进攻,而吴兵却乘胜追击,有侵夺益州的可能。于是横下一条心,亲自扼守白帝城,大有"熊罴当道卧,貘子不敢过"的气势。果然,孙权听说刘备驻在白帝城,心里害怕,就先遣使求和了。

但刘备却不是算准了孙权必然来求和,而是下定了即使在沙场战死,也不再退一步的坚强决心。所以他一直不打算回到成都。真有点"至今思项羽,不肯过江东"的精神,便是失败了也不损其为英雄。

刘备向诸葛亮托孤,有这几句话:"君才十倍曹丕,必能安国,终定大事。若嗣子可辅,辅之;如其不才,君可自取。"

对此,后人颇有不同的看法。有人认为这是刘备玩弄权术,目的是让诸葛亮自己明确表态。有人又说这是要诸葛亮死心塌地为刘家效忠,尽力辅佐幼子。还有人指摘刘备这番话,只能引起极坏的后果;幸而诸葛公忠为国,刘禅没有猜忌之心,才不致产生悲剧云。

我以为,认为刘备玩弄权术,乃是"以小人之腹,度君子之心"。他的话不是私下对诸葛一人说的,乃是公开的遗命,如果诸葛亮真有野心,废阿斗而自立,就成为名正言顺的事了。这种权术怎能弄得!至于想诸葛尽心辅佐幼主,要说的话很多,又何必这样故作姿态,反使别人听了心下不安。

征吴彻底失败以后,刘备独居永安宫,对后事安排自然经过深思熟虑,绝非仓促决定。他是一生戎马的人,深知创业艰难,守成不易;昏君庸主,贻误苍生,桓、灵二帝的往事,他又是亲身感受的。那么,与其勉强扶持一个不足为君的人,何不就把权位让给贤者,倒真是"应天顺人"呢!诸葛孔明事后追述刘备的话说,"先帝(指刘备)在时,每与臣论此事,未尝不叹息痛恨于桓、灵也。"对桓帝、灵帝两个昏庸皇帝(桓帝十五岁即位,灵帝十三岁即位)的所作所为,以及引起的后果,刘备是深深体会到的。

"家天下"思想在封建社会已是成为铁则。不管那些宝贝儿子是白痴,是狂人,照例都传以大位,君临天下,那后果照例又是老百姓大遭其殃。

就在这一点上,刘备也不愧为英雄。

孔明接受托孤以后

在魏、蜀、吴三国所有"顾命大臣"中（皇帝临终托大臣以后事叫顾命），担子最重，困难最多，而又处境最危险的，无过于诸葛孔明了。

说孔明担子最重，自然容易理解；说孔明困难最多，当时征吴失败，刘备病逝，主幼臣疑，内外交困，大家也很清楚；至于说他处境最危险，那有什么根据呢？

这不是危言耸听，让我们设身处地去想一想。

刘备托孤之时，说过"若嗣子可辅，辅之；如其不才，君可自取"的话。这话在刘备说来，虽是出自诚心，但却很有副作用。首先，刘禅内心就不会没有疑虑，不知道会不会给这位老臣赶下台去，或者在什么时候下台？这种想法很难不产生，假如他把这种想法稍一透露，肯定会有潜伏的野心家从中利用，两面挑拨，扩大事态，那后果便会不堪设想。

便算刘阿斗完全信任孔明，朝廷上还有大大小小的臣僚。他们眼见孔明权高势重，其中难道就没有心怀嫉妒或阴谋取而代之的？小则散布流言，大则"声罪致讨"，都不是绝不可能的事。所谓"周公恐惧流言日"，连嫡亲叔叔都免不了谣言的离间,诸葛孔明便能安然无事?何况董承、伏完之于曹操,更是个很新鲜的例子。

孔明手握兵权,连年同魏国交战,自然是公忠为国,一片赤诚。然而战胜则声威愈盛,猜疑的人更多;战败则丧师失地,弹劾之声难免。便是坐镇边疆,保持不战不和局面,也有秦公子扶苏和大将蒙恬的前车可鉴。处理稍一不当,不是被人"逼上梁山",就是被人赶下台去,同样是身败名裂。

春秋时代,楚大臣申无宇对楚王说:"臣闻五大不在边,五细不在庭。"上句意思是有五种大人物不应该留守边疆,避免产生意外。[1]而孔明连年在边境作战,正好违反"五大不在边"的教训。

你说孔明的处境能不是充满了危险吗?

而十多年中,他上辅幼主,下安黎民,外拒强敌,内修庶政,连周公所受的谣言也没有发生过。说他智计超群,履险如夷,固然不错;但孔明在处理这些复杂问题时,究竟花了多少心血,别人又何尝真正知道。司马懿说他"食少事烦",又何止日常的军政事务而已。

那么,当时有没有人冷眼旁观,等待危险出现呢?有的。蜀国有个叫李邈的,便是其中之一。在孔明病逝后,立即上疏给后主,把孔明痛加诋毁。疏中说:"吕禄、霍禹[2],未必怀反叛之心;孝宣(汉宣帝)不好为杀臣之君,直以臣惧其逼,主畏

---

[1]　见《左传·昭公十一年》。
[2]　吕禄,吕后时为上将军,为周勃所诛。霍禹,汉宣帝时为大司马,被诛。

其威,故奸萌生。亮身仗强兵,狼顾虎视,'五大不在边',臣常危之。今亮陨没,盖宗族得全,西戎静息,大小为庆。"

此人是不怀好意的。他原是刘璋部下,刘备取益州后,他也投降。但又深心不忿。有一次,在元旦宴会上,对刘备说:"您是我主公请来讨贼的,却反而夺了我主公的益州,这种行为是不应该的。"旁人听了,无不大怒,都要杀他。诸葛孔明劝住。后来此人追随孔明左右,又因劝谏孔明不要处罚马谡,孔明不听,于是怀恨在心。他以为孔明"功高震主",一定会落得个身败名裂的下场,不料诸葛处理上下关系居然这样高明,使别人无机可乘,于是大为失望,忍不住就在后主为孔明发哀之日,上书发泄他的怨毒了。刘后主看到他这番谬论,勃然大怒,下令把他诛死。此人实在是罪有应得的。[1]

然而由此一事,我们也可见孔明当时确实是费尽苦心,才得以保持蜀国内部安定的。杜甫有诗赞道:"伯仲之间见伊吕,指挥若定失萧曹。"真不是过誉之词。

---

[1] 见《三国志·杨戏传》引《华阳国志》。

诸葛亮为何"骂死王朗"

诸葛孔明第一次北伐,先取了天水、冀城、上邦三城,收降了姜维,然后北出祁山,兵势甚盛。魏主曹睿于是拜曹真为大都督,郭淮为副都督,王朗为军师,率兵二十万人到长安应战。王朗是个七十六岁的老头,却自告奋勇,要用一席话教诸葛亮拱手而降。就在祁山之前,两阵对圆,由王朗出马,向诸葛亮发挥了一通"顺天者昌,逆天者亡"的理论,劝说诸葛孔明倒戈卸甲投降。不料反被孔明狠狠臭骂了一通,气得王朗大叫一声,撞死于马下。[1]

未读《三国志》之前,都以为这是实有其事的,觉得孔明骂得真是痛快淋漓,使人击节赞赏。但是假如去查《三国志》,却会使你失望,因为根本没有这回事。

王朗确是死在曹睿在位的太和二年(公元228年),但他既没有随军出征,更没有临阵向诸葛亮说教,自然也不是被诸葛亮骂死的。

那为什么《三国演义》的作者又凭空结撰出这一回书

---

[1] 见《三国演义》第九十三回。

来呢？

毛宗岗在这回的评语中说："武侯虽有出师之表上告嗣君,恨无讨贼之文布告天下。今观骂王朗一篇,即以此骂曹丕,即以此当布告之文可耳。"这自然也有些道理；不过,为什么作者不要别人,偏要拿王朗来当场骂杀呢？

原来是大有道理的。

王朗此人,初时追随陶谦,后为会稽太守(郡治在今浙江省绍兴市)。孙策在江东攻城略地,他举兵抵抗,失败被擒。后来又归顺了曹操,由谏议大夫升为御史大夫,颇为扬扬得意。[1]

但此人却不知自量,居然一再向蜀国大臣写信劝降,胡说魏主乃"天命所归",西蜀小邦,只应投顺称臣云云。他先是恃着老朋友的关系,写信给蜀国太傅许靖。信里有这样几句话(由笔者译成现代语)：

> 如果足下真能够辅佐人家的幼主,决断人家的疑惑,就应除去称帝的伪号,奉事接受天命的大魏,那样,双方都获得极高的荣誉,上下都有了不朽的名声,功勋和事业,声名和劳绩,都一起来了。这样,你就可以超过伊尹和吕望了。[2]

但当时许靖没有去理睬他,让他碰了一鼻子灰。这个家

---

[1] 见《三国志·王朗传》。
[2] 见《三国志·许靖传》引《魏略》。

伙还不死心,过了不久,又写信给诸葛孔明,居然劝说孔明向魏国投降。孔明自然不予答理。但是孔明对此事却不像许靖那样沉默,他随即写了一篇文章,题曰《正议》,就是正大地议论的意思。文章针对王朗的无耻劝降,严厉加以驳斥,并把它公开发表。其中有一段说(译成现代语):

> 从前那个项羽,他的兴起不是由于自己有道德,因此虽然占据华夏地区,装出帝王的架势,结果却是身首异处而死,永远成为后世的鉴戒。而曹操不肯接受这个教训,又跟着这条死路走了。他没有遭受杀身之刑,不过是一时幸运,灾祸一定要落在他子孙身上的。不料有那么两三个家伙,已是行将就木之年,却接受伪帝的旨意,向我写信陈述什么天命,这真像张竦、陈崇这些无耻之徒称颂王莽的功德那样。难道他们面临大祸,还企图幸免么![1]

下面,诸葛孔明又指出,曹操用他的诡诈之术,以数十万大军,救张郃于阳平,而结果大败,丧师失地,感毒而死。曹丕则淫逸不道,居然篡位。从前轩辕氏用几万兵卒,平定海内,何况我蜀汉以数十万之众,据正义而临有罪之国,你伪魏岂能抗拒么?

孔明这篇义正辞严的《正议》,正是针对王朗、华歆、陈群

---

[1] 见《三国志·诸葛亮传》引《诸葛亮集》。张竦、陈崇作奏称颂王莽的功德,见《汉书·王莽传》上。

等人劝降的严正答复,也等于是一篇讨魏的檄文了。

这个为虎作伥的王朗,罗贯中是十分痛恨的。为了进一步暴露这个"皓首匹夫,苍髯老贼"的丑恶面目,于是罗贯中就把他拉到祁山前线上来,让他在阵前发表一通谬论,然后由孔明当场痛加驳斥,让他气得"大叫一声,坠马而死"。

虽说故事是虚构的,却又是有来历的。王朗这个家伙,确实厚颜无耻,颠倒顺逆,应该让他在孔明面前气死的。

这便是小说家的用意所在。

罗贯中运用史料,手法的高明巧妙,在这一回书里,又一次显示出来。

鲜明对照的一对——马谡与王平

一、街亭之败与马谡

街亭之战,在后主建兴六年(公元228年),是诸葛孔明北伐的第一战。

街亭在今甘肃省庄浪县东,地近六盘山下,由此东去,不远就是今陕西的关中地区,可以抚长安之背。当日孔明打算由此进兵,开辟关中作为根据地,以便进取中原的。

那时,曹睿已继曹丕为帝,魏蜀双方数年来安静无事,所以魏方完全没有准备。蜀兵一出,直攻祁山,南安、天水、安定三郡(均在今甘肃省东部)一齐响应,于是关中震动,逼得曹睿亲自镇守长安,并急派曹真、张郃到前线抵敌,真是仓促而又狼狈。

假如这一仗打得好,诸葛亮即使未能攻下长安,至少也可取得包括陇西、扶风在内的关西数郡,形势对蜀便极大有利了。

可惜马谡恃着纸上谈兵的本领,执意孤行,终于一败涂地。不仅三郡得而复失,兵马物资损失严重,而且此后魏国有了军事准备,再去强攻就困难得多了。街亭之败,实在使蜀方遭受无可补偿的损失。

马谡之败也是必然的。此人只是熟读兵书,能言善辩,却从未带兵独当一面,缺乏实战经验。毛宗岗说得好:"马谡之所以败者,因熟记兵法之成语于胸中,不过曰'置之死地而后生'耳,不过曰'凭高视下,势若劈竹'耳。孰知坐论则是,起行则非。读书虽多,致用则误,岂不重可叹哉!故善用人者不以言,善用兵者不在书。"(见《三国演义》第九十五回)空谈家误国误事,往往如此。

诸葛亮严惩马谡,自见法度严明;然而他也有错误。他对马谡的看法主要是在于"偏蔽"。偏就是只注意一面,而忽略了另一面;蔽就是只看到近处小处,看不到远处大处。孔明率大军出祁山时,大家都以为应由魏延或吴懿作先锋,孔明却不顾众人意见,单独提拔马谡。他以为马谡有军事理论,而忘了他没有实践经验,这是偏蔽之一。马谡临死时,曾说:"丞相待我如子,我待丞相如父。"可见孔明平日对马谡是何等疼爱。正因疼爱,便只见其长,不见其短,这是偏蔽之二。刘备生前曾对孔明说:"马谡言过其实,不可大用。"这是临终的遗言,何等重要。孔明却因自己另有看法,于是便似听而不闻。这是偏蔽之三。

智如诸葛,依然难免有此偏蔽,又因偏蔽而失事,偏蔽之为害大矣!

二、王平是个文盲大将军

蜀国将领中,有马谡、王平二人,同时在街亭之战中出现;

这二人却是矛盾的一对，处在两个极端，对照得分外分明。

马谡很有文化修养，熟读兵书战策；王平是个文盲，史书说他"所识不过十字"。马谡是世家出身，兄弟五人并有才名，在荆州时就跟随刘备，入蜀后升为成都令、越嶲太守。王平自幼贫苦，养于外家，曹操征汉中时，他从曹军中投降刘备，做了一员裨将，两人在蜀国地位也很悬殊。马谡能言善辩，同诸葛亮可以终日谈论；王平却是个寡言的人，史书说他终日端坐，没有一点将军的风度。如此等等。

若在平时，发挥空论，王平当然不是马谡的对手，岂能与马谡相比。所以孔明初出祁山，便提拔马谡为先锋，王平却只安排做他一员副将。

然而打仗不是儿戏，一个严峻的考验终于来了。

在街亭，马谡自以为熟读兵书，却不懂在实战中怎么运用，举措乖谬，王平再三劝谏，马谡总是塞耳不听，结果招来了全军覆没。只有王平独领千人，鸣鼓坚持，使张郃以为他有伏兵，不敢进逼。于是王平缓缓召回残军散卒，安然撤退。

这一役，除了马谡诛死，还有两个将军张休和李盛都被处斩，另一个将军黄袭被撤职；独有王平立功，加拜参军，统五部兼当营事，进位讨寇将军，封亭侯。

从此，蜀国上下对王平的看法完全改变。

建兴九年，诸葛亮再围祁山，命王平另领一军守住南围。魏大将张郃率军来攻，气势汹汹，王平坚守不动，张郃只好撤退。

诸葛亮死后，王平长期镇守汉中，前后达十四年之久，屡迁为镇北大将军。他在汉中，虽无赫赫战功，却稳重深厚，守御有方,使魏军无隙可乘。

下面这件事更可看出王平应变的才能:

延熹七年,魏大将军曹爽起兵十余万向汉中进攻,前锋很快进到骆谷(今陕西周至县西南)。那时汉中守兵不满三万,诸将大惊无策。有人说,现在众寡悬殊,不如退守汉城(今陕西勉县)和乐城(今陕西城固县东),诱敌深入,等涪州救兵来到,然后合力拒敌。王平反对这个意见,他指出先主令魏延镇守汉中时,依山为险,建立围寨,使敌人无从深入。现在就应依照原来部署,分兵据守黄金、兴势两个要隘(均在今陕西洋县东北),等候援兵,才是万全之策。大家同意王平的意见。于是魏军势穷告退。

王平之稳,主要是表现在敌强我弱的形势下,既不急躁冒险,也不惊慌失措。因为他是行伍出身的军人,有比较丰富的实战经验。他的战功虽不显赫,却俨然成为一方面的重镇。

王平的功绩是值得表彰的。但终因没有文化,限制了他更大的成就,这也是王平毕生的憾事。

《后出师表》是一篇伪作

诸葛亮的《前出师表》和《后出师表》都是同样著名的文章,以后又在《古文观止》这类选本中加以收录,《三国演义》又照抄不误,于是诵读的人就更多,也更深入人心了。

可是事情很蹊跷。陈寿的《三国志》只收《前出师表》而不录《后出师表》,后者只是裴松之作注时,才引《汉晋春秋》附加进去的;而且又解释说:"此表,《亮集》所无,出张俨《默记》。"连诸葛亮的文集都没有收,却由吴国做过大鸿胪的张俨记录下来,这就够奇怪了。陈寿是蜀国人,他收集孔明的事迹和文章是很齐备的,不应该连这篇大文章都遗漏了。这也真使人不解。

然而最奇怪的却是《后出师表》的内容。因为那里面充满一片失败的气氛,简直像一个被逼到绝路的人垂死挣扎的哀鸣,同蜀国当时的情势全不相合。我们试把此文的内容细细推敲一下,就会发觉它不可能是出于诸葛孔明的手笔。

此文有两句著名的话:"鞠躬尽瘁,死而后已。"说得悲壮,不少人都曾引用过;但放在出师的表文里,就变成一句十分泄气的话。谁都知道,出兵讨伐敌国,是一件大事,"气可鼓而不可泄",没有在打仗之前,就先散布失败议论的道理。而文中的"故知臣讨贼,才弱敌强也";又"先帝每称操为能,犹有此失,况臣驽下,何能必胜";又如"丧赵云"一段,说军中已少了许多勇将——那又何必急急打仗?又如"今民穷兵瘁而事不可息"——既然明知民穷兵瘁,敌人又不是大举来犯,有什么"事不可息"?在逻辑上也说不通。还有"成败利钝,非臣之明所能逆睹也"。岂不是把国家命运付之孤注一掷,这怎能是诸葛孔明平日的态度?

《前出师表》写于建兴五年(公元227年),《后出师表》写于建兴六年。中间这年经过了街亭的失败,这失败固然损失不轻,但说蜀国从此一蹶不振,只能在死亡中挣扎,则完全不是事实。因为建兴六年冬天孔明又重出散关,围陈仓,因粮尽退兵,还击斩了王双,说明在整顿了半年之后,又有力量出兵进攻,一进一退,十分从容。第二年冬天,再遣陈式攻武都、阴平,收复二郡,魏国对此则束手无策。可见孔明此时依然意气风发,毫不气馁,哪像《后出师表》那副凄凉绝望的样子。当时孔明不过四十七八岁,正当盛年,街亭挫折,何足以使他悲观绝望。《后出师表》不是也说:"曹操智计,殊绝于人,其用兵也,仿佛孙吴。然困于南阳,险于乌巢,危于祁连,逼于黎阳,几败北山,殆死潼关。"失败过这许多次,曹操还是统一了北方,那么,街亭一役,又何足使诸葛亮丧气如此?

《后出师表》引者有一句话说,孔明要北伐,"议者谓为非计",因此孔明要反驳他们。但是《后出师表》中所举理由,却有不少是替反对派说了话。如"曹操五攻昌霸不下,四越巢湖不成,任用李服而李服图之,委夏侯而夏侯败亡。先帝每称操

孔明上出师表

臣鞠躬尽瘁,死而后已。
至于成败利钝,非臣之明所能逆睹也。

为能,犹有此失,况臣驽下,何能必胜。"这些话拿来解释街亭之败还勉强可以,拿来作出兵的理由,就不通了。《后出师表》又有一段说:"刘繇、王朗,各据州郡,论安言计,动引圣人,群疑满腹,众难塞胸。今岁不战,明年不征,使孙策坐大,遂并江东。"用意是说,如果不北伐,使魏国逐步强大起来,就难以抵敌了。由弱小到强大谓之坐大,但是魏国那时已很强大了,绝非孙策初起时的形势,引用刘繇、王朗的旧事,有何相似之点呢?这几句话如果是魏国讨伐蜀国的理由,倒还有点道理。诸葛亮是说不出这种歪理的。

诸葛一生惟谨慎,这是大家知道的。但《后出师表》却一再主张"危"。如说"况臣才弱,而欲以不危定之,此臣未解三也","故冒危难以奉先帝之遗意也","高帝……涉险被创,危然后安"。这些冒险的主张,也不像孔明生平的为人。

还有一个事实上的错误。赵云是建兴七年逝世的,见于《三国志·赵云传》;而写于六年的《后出师表》,却说"丧赵云",这就明明是后人伪作时,弄不清赵云死年所出现的漏洞。若是孔明,把未死的大将说成已死,真是个天大笑话了。

《后出师表》是一篇伪作,那是无可置疑的。清代的袁枚便早已指出。至于作伪者为谁?下文再说。

诸葛恪是《后出师表》作伪者

诸葛恪是诸葛瑾的儿子,诸葛亮的侄儿。在孙权死前一年,已做到大将军、太子太傅。孙权临死,命他同孙弘等大臣扶助儿子孙亮继位。他已握有东吴的大权。

诸葛恪是个好大喜功的人。因过去吴国和魏国交战,互有胜负,东吴占不到多少便宜,心里很不痛快。到孙亮继位,他大权在握,就立刻动作,先"会众于东兴(今安徽省巢县东南),更作大堤,左右结山侠(夹)筑两堤,各留千人。使全端、留略守之。引军而还"。魏国因吴军侵入边境,就命大将胡遵、诸葛诞等人率兵七万,围攻两坞。诸葛恪亲率四万人赴救。结果,丁奉诸将大破魏军,杀敌数万人,斩叛将韩综等。诸葛恪因功封为阳都侯,加荆州扬州牧。从此他的欲望就更大了。

次年春天,他又想再出兵攻魏,不料朝中大臣大加反对,认为连年兴师动众,人民痛苦,不如暂时不动为妙。诸葛恪成了极少数派,形势对他十分不利。

他却是个刚愎自用的人,别人的话他根本听不进去,但为了说服反对者,他也得举出几点出兵的理由来,以示伐魏有理。于是他就写了一篇《论征魏》的文章,公之于众。这篇文章,就收录在《三国志·诸葛恪传》中。

这篇文章有个绝妙之处,就是其中的论点同《后出师表》的论点差不多是一样的,仿佛是同一个印模里出来。为了读者的方便,这里不妨把其中几段翻译为白话文,让大家对照着比较一下:

(一)"刘繇、王朗,各自据守自己的州郡。议论大计时,动不动就引用古圣人的话;又把众人的议论、责难的话都塞满心中。今年不肯打仗,明年不愿出兵,致使孙策坐大,吞并了整个江东。"(《后出师表》)

"从近事说,刘景升在荆州,有军兵十万,财政积蓄如山。他不趁曹操还微弱,同他争夺天下,却坐着眼看曹操消灭袁氏父子兄弟,逐步强大。后来曹操进攻荆州,景升的儿子就只好成为俘虏了。"(诸葛恪《论征魏》)

(二)"现在是民穷而兵疲,但形势却不能让我们休息。不能休息,那么我们行动或不行动,那消耗的情况都是一样的。如果不趁现在进攻敌人,妄想以一州之地,同魏国贼人持久,这是我不理解的第六点。"(《后出师表》)

"现在伐魏,是趁着他们处在劣势之时。圣人贵在趋时,时机便在今日。假如顺众人之情,怀偷安之计,以为长江的天险永久不变,也不理会魏国以后会变得强大起来。这正是我所长叹息的。"(《论征魏》)

(三)"自从臣到汉中,不过一年,就死亡了赵云、阳群、马玉、阎芝……和曲长屯将七十多人,以及突将、无前、賨叟、青羌、散骑、武骑一千多人了。这些都是几十年间从四方纠集来的精锐,再过几年,又会消失三分之二了。那时怎么同敌人打

仗?"(《后出师表》)

"现在魏国人民生育繁多,不过年纪还小,未能用于打仗;若再过十多年,他们人口一定成倍增长。反过来,我国的劲兵现在尚存,若不早日使用,让他们坐着老去,再过十多年,又少了一半;而且我们的儿童数目不多,到时敌人增多一倍,我军兵员减少一半,就算伊尹、管仲再生,也无能为力了。"(《论征魏》)

(四)"汉高帝聪明比得上日月,谋臣的智慧高深,但仍然冒了危险,受了创伤,危而后安。如今陛下聪明不及高帝,谋臣也不及张良、陈平,却想用长远的政策来取胜,坐着平定天下。这是臣所不能理解的第一点。"(《后出师表》)

"从前汉高祖已经占有三秦之地,为什么不闭关守险,自己享乐一番,却要倾国出攻项羽,身受创伤,甲胄都生了虱子,将士也非常辛苦。他难道喜欢锋刃而忘记享乐么?他是考虑到长久之计,认为同敌人是不能两全的。"(《论征魏》)

就举这四段吧。读者一定很奇怪,为什么彼此的口气,发挥的道理,所引的例子,竟然如此相似呢?《后出师表》说不能让敌人坐大,诸葛恪说坐观敌人强大,后患不堪设想;《后出师表》说不能以一州之地与敌持久,诸葛恪也说怀偷安之计是使人叹息的;《后出师表》说数年之后,国内精锐会损失大半,诸葛恪也说敌人人口日多,吴国壮丁日少;甚至引用汉高祖艰苦作战的例子,两者完全一样。为什么?

只有这样去理解才是合理的:

诸葛恪为了驳倒反对伐魏的人,他除了亲自撰写这篇《论征魏》之外,还认为分量不够,还须找个更有力的帮手。恰巧当时蜀国的情势同吴国也差不多，而他又是诸葛亮的侄儿。他当然可以伪造一个《后出师表》作为证据，振振有词地说：你看，当年我的叔父早已论到伐魏必须趁早了，你们这班人还有什么好反对呢？他还特意在文章中插上一句："近见家叔父表陈与贼争竞之计，未尝不喟然叹息也。"端出《后出师表》为证，真是欲盖弥彰，把自己的内心隐秘一下子泄漏出来了。

蜀人陈寿不知有《后出师表》，而吴人张俨却记录了它，这是因为作伪者出在吴国。

《三国演义》的严重败笔——刘后主可曾怀疑孔明

《三国演义》有一段颇为读者不满的情节,那就是在第一百回里,杜撰了一段刘后主听信谗言,说诸葛孔明"有怨上之意,早晚欲称为帝",又说"孔明自恃大功,早晚必将篡国"。于是"后主惊曰:似此如之奈何?宦官曰:可诏还成都,削其兵权,免生叛逆。后主下诏,宣孔明班师回朝。"于是孔明"仰天叹曰:主上年幼,必有佞臣在侧,我如不回,是欺主矣。若奉命而退,日后再难得此机会也"。于是班师回朝。

这段叙述,在历史上是没有的。事实上,那年是建兴八年,即魏曹睿太和四年(公元230年)。这一年魏国要改变被动挨打的局面,主动派了大军,由曹真率领,司马懿为副,分数路向西蜀进攻。曹真一队,由子午道(长安之南通向汉中的小路)南入;司马懿则从汉水上游进兵,企图与曹真会兵于南郑。还另遣军队由斜谷(五丈原之南)深入,又以另一支军马,由武威(南安郡西北)南下作呼应之势。[1]魏国此次决心很大,以为数路并进,一定收到战果。当时诸葛孔明闻讯,命李严率二万人守汉中,自己另带一支人马开到城固(今陕西省城固县)、赤坂(今陕西省洋县东)一线,准备迎敌。是时正当秋季,汉中一带下了连绵大雨,一连三十日不曾停止,山路绝断,运输不继,于是魏军数路皆退。

魏军撤退时,蜀兵并未前去追赶。这也是一种常识:大雨已一个月之久,加上山谷险阻,道路断绝,人马难行,即使追赶也没有什么收获的。而《三国演义》为了热闹,却写孔明数路出兵攻击,大败曹真,又写了一封书信,把曹真活活气死。这便夸张得过了分了。此时又不好收科,便只有杜撰一个情节,说司马懿用计,使人离间刘后主和孔明的关系,而后主也居然相信了。

这是为了凑足"六出祁山"之数。事实上,孔明只有五出祁山。建兴八年这场仗,是魏军主动进攻,双方主力并没有交锋。倒是魏延另领一支兵马,西出雍州,大破郭淮于阳溪。这和出祁山是无关的。

《三国演义》作者为了弄出一个孔明战胜而又退兵的理由,就说刘后主中了谗言,硬把孔明宣诏回来。却不知道这就把历史上孔明和后主的关系破坏了。须知后主在孔明当政之

---

[1] 《三国志·曹真传》说是"诸军或从斜谷入,或从武威入"。但《资治通鉴·魏纪三》此条下胡三省注云:"武威恐当做武都,否则建威也。"因为武威离汉中很远,起不到配合作用,由武都(今四川省西和县南)或建威(今西和县)却是可以配合的。此注颇是。

时,对他是绝对信任的,一些宦官的谗言,怎能动摇后主的信心?何况孔明奉了托孤之命,是个事实上的监督人,后主也不可能随随便便把孔明调遣回来。这同对姜维完全是两回事。所以《三国演义》这一回书,不特诬了刘后主,连孔明的形象也受到贬损。说它是罗贯中的败笔,实不为过。

木牛流马不是独轮车

《三国演义》第一百〇二回描写孔明制作木牛流马,"宛然如活者一般,上山下岭,各尽其便",而且将舌头扭转,牛马就不能行动,再扭过来,便又长驱而行。真是奇妙得很。

小说家不是凭空捏造。

《三国志·后主传》说:"(建兴)九年春二月,亮复出军围祁山,始以木牛运。""十年,亮休士劝农于黄沙,作流马木牛毕,教兵讲武。""十二年春,亮由斜谷出,始以流马运。"他是先制造木牛,再发明流马,是两种运输粮食的好工具。

《三国演义》里的制造木牛流马法,也见于《三国志·诸葛亮传》裴松之注。不过后人还是无法复制,不知其中机窍到底如何。宋以后的人,多以为这种木牛流马不过是一种小车子。高承《事物纪原》说:"诸葛亮始造木牛,即今小车之有前辕者;流马即今独推者是,民间谓之江州车子。"《后山丛谭》和《稗史类编》也都是这样说。

我却以为并非如此简单。

不管是江州车子(独推的单轮车)还是有前辕的小车,机械原理都十分简单,何劳"长于巧思"的诸葛孔明亲自制作?

其实后汉至三国时代，运用齿轮原理制作机械，已是屡见不鲜。东汉时毕岚作翻车，是利用齿轮转动来汲水的一种装备。三国时韩暨又制造水排，利用水力驱动水轮来灌水。魏国有个马钧更巧妙了，他重新造出指南车，又能用水力发动，使木人击鼓吹箫，跳丸掷剑，舂磨斗鸡，变巧百端。[1]当时的科技进步既已如此，而诸葛亮只能制出江州车子来，那就未免太过相形见绌了，还值得在史书上大书一笔吗？

还可以再举一个证明。

南齐的祖冲之，是首先把圆周率算到小数点后第七位的大科学家。他曾造出千里船，日行百余里；又造过水碓磨，利用水力舂米。《南史·祖冲之传》说他："以诸葛亮有木牛流马，乃造一器，不因风水，施机自运，不劳人力。"可知他是亲眼见过木牛流马的；又因木牛流马的启发，他便创造一种用机械运行的工具，比木牛流马更胜一筹。由此可知，木牛流马一定是利用了齿轮原理来制作，否则祖冲之不会有兴趣拿它来作参考和对比。

还有一件趣事。范成大《桂海虞衡志》说，沔南人相传：诸葛亮居隆中时，他的夫人黄氏用了几个木人替她舂麦、磨面，运转如飞。诸葛于是拜求其术，后来便创造了木牛流马云云。民间传说，未必可靠，却也可广异闻。

封建社会一向不重视科学，甚至还扼杀科学，木牛流马之失传，毫不足怪。然而可喜的是，1985年，新疆传出有人复

---

[1]　见《三国志·韩暨传》及《方伎传》。

制出木牛流马的消息,进一步证明木牛流马绝不是江州车子。1986年5月24日,广州的《南方周末》刊出了一篇介绍文章,现将全文转载如下:

1985年,在中国西部的乌鲁木齐市,一个名不见经传的小人物,把木牛流马复原仿制出来了:他就是原新疆联合收割机厂工程师、现新疆工学院教师王湔。

这天,我叩响了他的房门。握手之间,我发觉他是个文弱书生,白皙的皮肤,蓬松的头发,不修边幅的穿戴,隐隐透着点落拓不羁的气质。屋里显得凌乱,桌上全是绘图工具,床上摊着有关张衡制作地动仪的书籍、资料,以及一张地动仪复原设计的草图。

说起木牛流马,王湔滔滔不绝地叙说开了。他搬出《三国志》《中国通史》《中国古代农业机械方面的发明》等书刊,寻根溯源,纵论古今,逐一地介绍木牛流马的历史。然后,又把他复制的木牛流马模型摆在我的面前,一边表演一边进行解说。

这只木牛流马,长约五十厘米,高四十五厘米;前半部酷似牛头,后面有双把可推,内部为对称十八连杆结构。连杆构件看来并不复杂,加工似乎也不难,奇异的是装配异常精巧,尺寸要求极严格,组合不同凡响。各个部件协同动作,密切配合,环环相扣,稍有差错,就动不起来。王湔双手拿着木把用力推动,木牛流马步履矫健,体态平稳,进退自如,活脱脱如真牛活马一般。这使人不禁想起《三国演义》中描写的蜀军推着木牛流马,在"难于上青天"的蜀道上,如履平地送军粮的情景。

王湔说:"为什么说叫木牛流马?它是一种具有牛的形态,马的步态的四足步行器,或者说叫牛形马步,能够无轮'自走'。你看它腿的动作是对角线式,两足迈步,两足着地,这与史书记载相吻合。从原理和制作过程来看,诸葛亮所在时代是完全做得到的,而这种创造发明的原理在古代文明史上,却是一个了不起的创举。"

王湔把带有神秘色彩的木牛流马变成了实物,使这一千古之谜有了令人信服的答案。它打破了以往认为木牛流马是独轮车结构的权威说法,证实这是负重型从动四足步行机,这是很了不起的成就。

王湔自幼爱好自然科学,还在少年时代,他在浙江上初中时,看了《三国演义》,就萌发了做木牛流马的念头,并开始试制。上了大学后,知识给他添了翅膀。1966年他从北京农业机械化学院毕业,分配到新疆联合收割机厂工作时,"文革""内战"正酣,而他却一头扎进机械研究的那片"乐土"中。

科学不负有心人。1985年5月,木牛流马复原模型终于制作出来了。

王湔的成功,引起了科学界的广泛注意。去年十月,国际机器理论与机构学联合会执行主席、波兰专家莫列斯基在天津看到王湔复制的木牛流马和当场表演,喜形于色,在他的讲学中专门加了这部分内容,给予很高的评价。是啊,搞木牛流马并非玩老古董,这项研究有着重大的科学价值和现实意义。人们已预想,今后的立体战争必然导致机器人上战场。美国《时代》周刊介绍,美国国防部正在研制下世纪的最新兵器,其中有电视摄像和计算机连动的战斗机器人。《经济参考》去年五月报道,美国国防部耗资七百万美元研制"机器马",说这种"马"在占地球一半的山地、沼泽地上具有极大的战斗优势。

王湔正是基于这一指导思想搞木牛流马研究的,他说:"利用木牛流马的原理制造作战机器人,具有外形小,通过性强,作战灵活,造价低,战场上生存能力强等优点;还可承受比人大的加速度,便于用火箭、飞行器空投,代替士兵在第一线作战。据此,当今木牛流马的研究,已成为一项具有世界性的在军事上有直接效益的课题。在非常规行走装置的研制和使用上,中国有世界上最早的成功实例。可以说,中华民族是世界上首先成功使用首批机器人的。"(李念东文)

木牛流马到底是不是这个样子,当然还可争论、研究。不过,神秘之谜已经初步揭开一角,人们从这一角继续探讨下去,是可以把谜底完全揭开的。我企望这一天早日到来。

孔明的妻妾及女儿——兼谈唐诗中的"峒氓"问题

诸葛亮有妻,有妾,有儿子,也有女儿。《三国演义》除了叙述儿子诸葛瞻及妻黄氏的简略事迹之外,姬妾和女儿都没有涉及。

诸葛亮的妻子黄夫人,是沔阳名士黄承彦的女儿。据习凿齿的《襄阳记》说,黄氏是个丑女,黄色头发,黑色脸孔,但是很有才学。黄承彦有一回对孔明说:"听说你要找个内助,我那女儿虽然貌丑,才学却能同你相比,你愿意吗?"孔明毫不考虑便答允了。乡里的人都拿来当笑话,说:"莫作孔明择妇,止得阿承丑女。"

这个丑女有哪些本领呢?《三国志》没有记载,却是到了南宋时代,范成大在《桂海虞衡志》里讲了下面这个传说:

诸葛亮在隆中的时候,有客来访,他嘱咐妻子做面条款待。转眼之间,面条就上盘。当时,市面上是没有面条卖的,孔明觉得奇怪,就到里面窥看,只见几个木人还在砻麦、磨面,运转如飞。孔明这才知道他妻子是个异人。此书还说,孔明制造木牛流马,就是从妻子学得技术的。

这种传说,可靠性到底有多少?真难说。人们只能打个问号了。

诸葛孔明也有妾,见于《艺文类聚》所载孔明给李严的一封信。信里说:"吾受赐八十斛,今蓄财无余,妾无副服。"

所谓"妾无副服",就是妾侍只有一套见客的衣服。这是孔明自己说的,自然不假,也可见孔明自奉的节俭。但此妾不知是什么人,姓甚名谁,也不清楚。

孔明有个女儿,史书上也不见记载。但南宋学者魏了翁,写了一篇《朝真观记》,其中说:"出少城西北,为朝真观。观中左列有圣母仙师乘烟葛女之祠。故老相传,武侯有女,于宅中乘云轻举。"还有一本《仙鉴》说孔明的女儿名叫果,是修道的。这就很荒诞了。在三国时代的蜀国,道教是没有地位的,孔明的女儿又何至于出家修道?这完全是南北朝以后道教盛行时捏造出来的胡说,用以抬高地位的。

然而对于孔明的妻子黄夫人,《反三国志》的作者却舍不得让她埋没,特意为她写了一回书。此书的第三十六回说,正当蜀国的大将都在前线与魏、吴大战之际,蜀国后方空虚,于是南方的孟获就乘机起兵作反。此时法正留守成都,慌忙向刘禅建议,请孔明的妻子黄夫人挂帅征讨。

原来黄夫人并非丑妇,乃因在乱世之时,恐被盗贼劫掠,于是自毁容颜,后来嫁了孔明,恢复旧妆,依然是个美貌少妇。她还精通奇门遁甲之术。当下接受了后主的委托,便乘一只纸制飞鸢,同媳妇锦城公主同到前线,精选二千五百兵士,扮作神兵模样;另派太守吕凯领兵一万埋伏,等孟获领兵杀到,黄夫人先使神兵出阵,杀退蛮兵,然后引诱孟获,到了三连海地区,伏兵齐出,将孟获擒住,然后用飞剑当场取了教唆造反的孟优首级。这一来,孟获吓得叩首投降,表示永不反叛。这样就平定了南方云云。

《三国演义》的七擒孟获,是连场的热闹戏,如今《反三国志》的作者简化成为一擒,也许是为了避免重复,只好如此去翻案。虽然笔墨是够干净利落,可惜情节过分简单,又丢不开什么奇门遁甲飞鸢飞剑这一手,终归显得手段低能,很难引起读者的兴趣。写历史小说毕竟不是一件容易的事情哩!

由此又想起《三国演义》中提到的"洞",不可不略为一谈。

孔明南征孟获,深入南中,一路上《三国演义》作者写了许多洞。有所谓第一洞、第二洞、第三洞,又有银坑洞、秃龙洞、八纳洞等等。不少人以为,这些洞该是洞穴,大抵孟获属下的土人,都是住在山洞中的,是古代穴居的遗俗。其实大谬不然。

不幸这个误会却又是由来已久的。

先从一首唐诗说起。

柳宗元有一首《柳州峒氓》诗:

郡城南下接通津,异服殊音不可亲。[1]
青箬裹盐归峒客[2],绿荷包饭趁圩人。[3]
鹅毛御腊缝山罽(音计)[4],鸡骨占年拜水神。[5]

---

[1] 不同衣着,不同语言,难以亲近。
[2] 青箬:青的竹叶。
[3] 趁圩:就是赶集。
[4] 用鹅毛做被心。山罽:粗陋的毯子。
[5] 鸡骨占:拿鸡骨作占卜的用具。

诸葛亮七擒孟获

孟获垂泪言曰:
"七擒七纵,自古未尝有也。
吾虽化外之人,颇知礼义,直如此无羞耻乎?"
遂同兄弟妻子宗党人等,皆匍匐跪于帐下……

愁向公庭问重译[1],欲投章甫作文身。[2]

　　这首诗是他任柳州刺史时写的,说的是唐代柳州的土风民俗。其中"青箬裹盐归峒客"一句,自宋代已不得其解。宋刊世彩堂《河东先生集》的注释说:"峒,山穴也。"就开始弄错了。以后这首诗的不少注家一直沿着这个错误,连1978年出版的中国社会科学院文学研究所编的《唐诗选》,也仍把"峒"释为"山穴",说是山穴中人用竹箬裹着食盐归去。

　　唐代的柳州是否还有穴居人,似乎未见记载。其实岭南卑湿,若是掘洞而居,湿气侵入,日子一久,不死即病,不比北方亢爽,人可以住进窑洞。前些年有些人掘山洞来养猪,结果终归失败。山洞里猪也难住,何况是人?

　　原来这"峒"是当地的土语,又写作"垌"。西南地区少数民族管山中的平地叫"峒",常见地名有大峒、小峒、峒心之称。这些峒因地势平坦,可耕可住,所以又是氏族聚居之地。柳宗元诗中的"归峒",正是归去他们聚居之地,而不是回到山洞中去。这是不应该有误解的。

　　《三国演义》第九十回说:"梁都洞:洞中有山,环抱其洞,山上出银矿,故名为银坑山,山中置宫殿楼台,以为蛮王巢穴。"描写还是近似;但把"峒"写作"洞",却容易引起人家误会,不及"峒"字的准确了。

---

[1]　重译:语言要经过翻译。
[2]　章甫:指中原的帽子。文身:在身上刺花纹。

《出师表》中特笔提到的人物——将军向宠

留意三国史实的人,都知道蜀国有个将军向宠。

刘备和诸葛亮都是重视向宠的才能的。有名的《出师表》特别向后主推荐这个人:

> 将军向宠,性行淑均,晓畅军事。试用于昔日,先帝称之曰能,是以众议举宠为督。愚以为营中之事,悉以咨之,必能使行阵和睦,优劣得所也。

向宠到底是个什么人呢?《三国志》卷四十一有他的传,可惜很简单。大意是说,向宠先前做过牙门将军(杂号将军,相当于第五品),刘备征吴时,他随军出发。刘备兵败,他领的一支军队却不受损失。刘禅继位后,他任中部督,典宿卫兵,也就是近卫的统领。诸葛亮北伐时,他升为中领军(主管禁军,相当于武官第三品)。延熙三年,因征讨汉嘉(今四川省泸定、雅安一带)"蛮夷",兵败身死。

向宠生平主要是统领禁军。带兵打仗只有两次,一次是征吴之役,一次是孔明死后,南方再次发生变乱,他战死于前线。《三国演义》的作者恐怕是来不及腾出笔墨来描写这个人了,毕竟是很可惜的。

然而由于《出师表》的表扬,许多人仍然关怀着这位将军。

五十多年前,有个叫周大荒的人,写了一部长篇连载小说,叫《反三国志演义》。此书从《徐庶走马荐诸葛》这一回写起,把三国故事完全改造和颠倒过来,那结局是蜀汉的五虎将,在东征北伐中,全部扫平曹魏和孙吴,形成一统天下的局面。此书共六十回,写战争倒是十分热闹,可惜人物塑造并不成功,艺术性颇为欠缺,今天知道的人已经不多了。

不过此书却注意到向宠,特别为他写了《庞士元巡城识向宠》一回。说是庞统在荆州做了关羽的军师,"那日巡视襄阳北门,见一牙门小将,形状魁梧,举止沉默。士元一见大异,驻马下问",这人就是向宠。他熟悉地方形势,对军机也议论中肯。于是庞统大喜,立时修书荐到荆州,请关羽转达刘备。后来向宠屡立战功,封为彝陵侯。这些当然全都是杜撰了,却也算弥补了《三国演义》之不足。作者还用"异史氏"的名义批评《三国演义》说:"读武侯《前出师表》,未有不知将军向宠其人者。然终玄德之死,《三国演义》中未见试用,如何曰能之事;终孔明之死,拜表后亦未见如何'事无大小,悉以咨之事'。以如此人物,出师衷举,首列于武臣者,《三国演义》全文,乃不一书,不信甚矣。"

历史上,许多有才能的人物的事迹,由于种种原因,不为后人所知。向宠幸而还留下了几行记载,其他连一行文字也没有留下的人,还多着呢!世界上有不少文明古国,因为种种原因,事迹大量湮没,有些成为一片空白。如印度古代有一大段历史，要靠中国翻译的佛经来填补，便可想见。所以，我国能保存"二十四史"和其他许多史籍，是非常值得引以为荣的。《三国志》虽然简略，但三国事迹还是靠了它才留存下来，我们对陈寿也不必苛求了。

《三国演义》又一杰作——夏侯霸大放光彩

夏侯霸出现在《三国演义》的第一百〇二回。此后的十数回书中,先叙他与蜀军交战,后叙他投降蜀军,又成为姜维的主要助手。姜维"九伐中原",他献计作战,立功不少,最后在前线战死。表现可谓相当出色。

读者可知小说家在这个人身上又花了多少苦心?

姜维伐魏,少了一个在身边商议大事的人,既显得孤掌难鸣,也会使故事情节失色不少。于是小说家想到这个投降过来的夏侯霸,便把他改造一番,让他在蜀国后期担任重要的角色。

夏侯霸是夏侯渊的第二子,曹丕登位后,封为关内侯;曹芳在位时,官讨蜀护军右将军。他对蜀国是有深仇大恨的,因为在定军山一战中,他父亲被黄忠杀死,他决意报仇,所以常在雍州前线作战。

不料事情的发展竟然出人意外,魏国内部,司马懿父子同曹家王朝争权夺利的斗争,愈演愈烈。司马懿终于用计杀了曹爽,削弱曹氏的势力;又因为夏侯氏一族同曹家有密切关系,便又向夏侯家族下手,先将曹爽的表弟夏侯玄从前线召回，削去兵权（后来便加以杀害）。夏侯霸是夏侯玄的堂叔，同在征西部队中，见夏侯玄被解去兵权，知道自己也难免毒手，就从前线逃了出来，投向蜀国。

他的南奔是十分艰险的，只带了几名心腹，好不容易才到了阴平小路，因不明地理，陷入荒谷之中，无路可出，粮食已尽，只好杀马为食，步行寻路，不幸脚又跌伤，睡在石岩之下，看着束手待毙。却幸他南逃的消息已为蜀国所知，四处派人搜寻，卒于把他找到，接回成都。从此夏侯霸就在蜀国住了下来。

原来张飞的妻子夏侯氏乃是夏侯霸的堂妹。这个夏侯氏十三四岁的时候，在谯县本乡居住，有一天到山上打柴，给张飞的军士捉住，张飞细问情由，知她是良家女子，就娶她为妻。那是建安五年，即《三国演义》第二十四回写刘、关、张三人兵败失散，张飞奔往芒砀山的时候。

夏侯氏生了两个女儿。长女嫁刘禅，建兴元年立为皇后，十五年死。刘禅续娶其妹，亦为皇后，因此，夏侯霸同刘后主是有亲戚关系的。夏侯霸归蜀时，刘后主大表欢迎，还特意叫张氏生的儿子出来相见，对他说："这是你的外甥啊！"从此夏侯霸就在蜀国定居。

但此后夏侯霸的事迹就不见史籍记载了。

《三国演义》作者是善于摆布人物，安排情节的。夏侯霸也是一例。他入蜀以后，便已寂寂无闻；可是《三国演义》作者却认为此人大可利用，于是从第一百〇七回开始，就把他安排在姜维身边，成为姜的得力助手。姜维连年同魏国交战，夏侯霸出谋划策，亲临前线，成为出色的一个人物，直至后来同邓艾交战,在洮阳城下,为乱箭射死。这些全都是小说家的创造。

为什么小说家要安排夏侯霸这样一个结局？也不奇怪。我国古代小说,讲究"有头有尾",夏侯霸既然煊赫了一阵,他的去向,就不能没有交代。安排他在洮阳战死,正是一种交代的手法。

高明的医生,懂得"牛溲马勃,败鼓之皮,兼收并蓄"。高明的小说家也一样,一些很寻常的材料,经过他的摆弄,就能发出光彩。入蜀后的夏侯霸,也可以说是小说家的"废物利用"。

司马懿这个阴谋家

一、哪里去找司马懿

司马懿是三国时代的重要人物,稍为有点历史常识的人都知道;可是,那本收在"二十四史"里的赫赫有名的陈寿的《三国志》,却没有替他单独写一篇传记。我们要从《三国志》里找司马懿的事迹,就得很费一番功夫,因为有关他的生平事迹,都分散在其他人的传记里。如果要把这些材料凑起来,就得在《三国志》的一、二、三、四、八、九、十、十一、十二、十四、十五、十六、十七、二十一、二十二、二十三、二十四、二十五、二十六、二十七、二十八、三十、三十三、三十五、三十六、四十、四十一、四十三、四十四、四十七、四十八、六十四这三十二卷书里逐一翻查;而且在查的时候,还须知道下面这些名字:仲达、司马公、西乡侯、宣王、司马宣王、宣帝、晋宣帝等等,有的是他的别字,有的是他的封号,有的又是他死后的尊号。像卷一《武帝纪》(曹操)里,注引《曹瞒传》有一句说:"建公名防,司马宣王之父。"这个司马宣王就是司马懿。卷二十八里,注引《世语》有一句说:"蜀朝问司马公如何德?"这个司马公也是司马懿。

陈寿为什么不替司马懿立传呢？原因就在司马懿的孙子司马炎做了晋朝的皇帝，司马懿已经追尊为宣皇帝。照当时史官的习惯，他既是晋朝开国皇帝的祖父，而陈寿又是晋朝的臣子，把司马懿放在《三国志》里独立成为一篇，是不容许的。

司马懿的传记要在《晋书》里找。《晋书》里又不叫《司马懿传》，而叫《宣帝纪》，放在开卷的第一篇。文中径直称他为"帝"。这一来，又出现一些奇怪的句子，例如这样几句："帝流涕问疾，天子执帝手，目齐王曰：以后事相托……"乍看不知道这三个人指的是谁，细细查考，才知道"帝"是指司马懿，"天子"是指魏明帝曹睿，齐王却是太子、后来做了十五年皇帝的曹芳。又有两句："（曹爽）乃言于天子，徙帝为大司马。"这个"天子"却又是曹芳了。

还有一件怪事。读《三国演义》的人，都知道蜀国有个吴懿，他是刘备续娶的吴皇后的哥哥，后来拜为车骑将军，封济阳侯，是蜀国后期赫赫有名的人物。可是，查遍《三国志》都找不着吴懿其人。这人到底跑到哪儿去了？细细一查，原来又是给陈寿改了名字，变成吴壹了。为什么要改他的名字？原来司马懿叫懿，他也叫懿，犯了皇帝祖宗的名讳。封建时代，臣下犯皇帝的名讳是不行的，尽管吴懿不是司马氏的臣下，也不行。于是这位史官大笔一挥，吴懿就变成吴壹了（吴懿的名字，始见于《华阳国志》）。

真是别扭！但旧时的史官就是按照这套"体例"办事，我们对它也没有办法。

二、他的手段如何

司马懿是个阴谋家,他的生平行事,颇有点同曹操相像;但是曹操还有某些可爱之处,司马懿却一生玩弄权术。开头他在曹操手下办事,曹操就知他不是很安分的人,又听说他生有异相。这异相叫"狼顾相",就是身体朝前站着不动,扭转脑袋,脸孔可以正对背后,像狼一样。曹操有一回故意试试他,果真如此,这使曹操大为惊讶。又有一回,曹操梦见三匹马同在一个马槽里吃草料,他猜想这三马便是司马懿和他两个儿子,心中大为不快,常想借故杀掉这三人。只因曹丕同司马懿交情甚好,设法保护,曹操终于下不了手。司马懿于是装成非常勤恳守法的样子,把曹操也瞒过了。

等到曹操、曹丕相继死去,他的阴谋就逐步施展了。曹芳在位时期,他同曹爽共执朝政,逐步树立党羽,又把两个儿子放在重要职位上,自己却诈称老病,麻痹曹爽,然后突然发动一场政变,把曹爽和他的亲信一网打尽。从此曹魏王朝的大权,就落在司马父子的手上。这件事的前后经过,《三国演义》描写得很详细,可以不必细说。

阴谋家总是非常残忍的。辽东太守公孙渊作反,他奉命前往征伐,公孙渊要求投降,他加以拒绝;攻陷襄平以后,城中男子年十五以上一律斩首,凡杀七千余人;公孙渊手下文武官员,一律处死,又杀二千余人。可见他的残暴。[1]

---

[1] 见《晋书·宣帝纪》。

对待曹爽的同伙,他同样不客气,所有曹爽亲信,本人被杀不在话下,还要"夷及三族",连刚出生的孩子都不肯放过,嫁出去的姑姨姊妹、甥女侄女,也一律斩首。[1]他假惺惺地放了鲁芝、杨综两个,不外是权谋而已。

历史上有"三马同槽"的梦兆,说明司马氏终于取代曹魏,这固然是迷信的谬说;可是在古人看来,这些预兆却是非同小可的。司马懿也是阴险而又迷信的人。据说,在司马氏得势时,有一本叫《玄石图》的纬书,内有"牛继马后"的话,司马懿知道了,认为这是将军牛金要取代司马氏的预兆,就立意把牛金杀掉。这牛金原是曹仁的部将,后来官至后将军,曾随司马懿在祁山抗拒诸葛亮大军。[2]司马懿也不管牛金是自己的老部下,就叫人特制一个装酒的槛子,这东西可以装两种不同的酒,一按机关,两种不同的酒就可以分别斟出来。司马懿于是请牛金来家里喝酒,自己先饮一杯,再斟一杯给牛金,牛金哪里知道一个酒槛里会有两种酒,毫不迟疑,一饮而尽。原来牛金喝下的是毒酒,回家去就一命呜呼了。[3]

司马懿的阴谋权术,在魏国可说是得心应手,不料一旦碰上"天下军师"诸葛亮,却又一筹莫展。

三、他是小说家笔下的小丑

《三国演义》作者是看透这一点的,所以写司马懿在魏国

---

[1] 见《晋书·宣帝纪》。
[2] 见《三国志·曹仁传》。
[3] 见《晋书·明帝纪》。

是威风十足,所向披靡,一旦到了西线,就手忙脚乱,完全是个"畏蜀如虎"的脚色。诸葛孔明初出祁山,对手原是曹真和张郃,《三国演义》作者故意换上了司马懿,让他在"空城计"中大出其丑,就是一个例子。

《三国演义》第一百〇二回写诸葛孔明造木牛流马,计中用计,杀得司马懿大败亏输,只得死守不出,文字确实精彩。原来这回书的来历是出于《三国志平话》,不过罗贯中没有完全照抄《三国志平话》,其中有一段颇有民间风味的故事,他也加以放弃了。

《三国志平话》这段书说来也有趣。它说,司马懿看见周仓驱动木牛流马运输粮食,心里惊慌,就命令部将邓艾引兵三千,夺得木牛流马数只,按照模样,依法制造。不料造好以后,叫人拿木杵打一下,只见木牛流马走了几步,便不再动弹,同孔明的打一下走几百步,根本无法相比。司马懿束手无策。忽报周仓到营前下战书,司马懿放他进来,只见周仓喝得东倒西歪,口说军师叫我来下战书,能战即战,不战即降,你是魏国名将,为何闭门不出?司马懿看他这模样,忽然心生一计,便唤人取好酒来,请周仓再饮,直把周仓灌得酩酊大醉。司马懿便说:"周仓,我有万贯金珠在此,只要你能说出木牛流马行走的秘诀,一生富贵,享受不尽。"周仓笑道:"军师有一篇《木牛流马经》,提杵人只要口里念经,木牛流马就能不驱自走。元帅放我回去,我把经文偷了出来,交与元帅,保能一举成功。"司马懿大喜,送给周仓三十贯金珠,两匹好马,叫他把《木牛流马经》盗来。周仓去了三日,把一卷书带到,转身便走。司马懿打开一看,大惊失色,却是孔明一封亲笔书信,大意说,自古将材,没有五个人会造木牛流马,你是魏国名将,却要盗我的《木牛流马经》,岂不为后人所笑?司马懿知道受骗上当,又气又怒,当场把信撕了。[1]

这段书,罗贯中认为它荒谬无稽,所以弃而不录,如今已经没有很多人知道了。

四、连他后代也感到羞耻

阴谋家虽然得意于一时,毕竟还是受到历史的批判。下面又是一段发人深省的故事:

那是西晋灭亡以后,司马懿的玄孙司马绍继位,历史上称为明帝。明帝有一回问丞相王导前朝的历史,王导就把魏晋的旧事陈说一番。明帝听到司马昭杀死曹髦的事,登时把脸贴到席子上,羞愧地说:"这样说来,晋朝的国运怎能会长久呢!"[2]

连他的后代也感到羞耻,假如在舞台上给司马懿画个大白脸,该不会是冤枉的。

---

[1] 周仓,历史上本无其人。
[2] 见《晋书·宣帝纪》。

司马昭之心与钟会、邓艾之死

司马懿父子夺取曹家政权，同曹操父子最大不同之点，是司马氏着重于对内诛锄异己，而对外还无赫赫的功业可言。他们诛锄异己，手段也够惨毒。前面已说过司马懿诛曹爽的事了，他诛灭了曹爽和曹义、曹训、何晏、丁谧等八族；跟着嘉平三年又诛杀王凌和楚王彪；正元元年，司马师再诛灭夏侯玄、李丰等；正元二年又杀毋丘俭；甘露三年司马昭再杀诸葛诞；景元元年更杀了皇帝曹髦；再过两年，连嵇康、吕安都杀了。每次杀人，都是夷及家族，死人无算。这样，曹魏的新兴贵族，凡不是投靠司马氏的，几乎都一网打尽了。

这当然是有一套深远秘密计划的，目的是扫除取代曹魏政权的障碍。

到了景元四年（公元263年），司马昭认为应该对外显示一下军威了。虽说目的是树立威望，也不过希望打一两场胜仗，便算满意。谁知蜀国竟灭亡得这样快，而蜀国灭亡，却又造成邓艾、钟会二人的空前声望，这和司马昭的初意就大不一样了。

一般人都以为钟会、邓艾灭蜀以后，自己蓄意造反；或者像《三国演义》说的,是姜维挑动钟会造反,这是一种表面看法。其实,钟、邓之死,恰是司马昭最后一个大阴谋。

不难设想,司马昭处心积虑取代曹魏,是最怕别人的功劳凌驾自己的,钟、邓一举灭了蜀国,威名大震,在司马昭看来,简直是对自己地位的威胁。邓艾、钟会虽说是司马昭的亲信人物,但司马氏又何尝不是曹氏的亲信呢?何况邓、钟二人,一个是在淮河流域树立了相当威望的邓艾,一个是参加过司马氏的机密、深知内情的钟会,这两人如果一旦联结起来对付自己,或者就地起兵反对自己,岂不成了心腹大患!

这是蜀国迅速灭亡以后摆在司马昭面前的大问题。

司马昭也是够阴险毒辣的,他周密计算了一下,知道钟、邓二人既有互相勾结的可能,又有彼此敌对互相残杀的可能。假如向二人一齐发动打击,他二人一定来个联合应付;但是这两个人各自称功逞能,又可以分化瓦解。于是司马昭就运用分化瓦解的手段,实行逐个击破。

司马昭的第一着是压抑钟会而提高邓艾。他晋升邓艾为太尉,增邑两万户。而钟会只是晋为司徒,增邑万户。邓艾自是扬扬得意,钟会却恼火而嫉妒了。于是两人的联合便没有可能。

当钟会愤愤不平的时候,司马昭第二着又来了。他的心腹卫瓘以监军的身分随军到了西蜀。这个卫瓘实际上是奉命对钟、邓二人进行监视的。他在钟会和邓艾二人之间,耍了哪些诡计,史书上没有记载,我们自然不清楚;但是也有蛛丝马迹可寻。因为钟会、胡烈等人密告邓艾企图作反时,卫瓘就在钟会军中;又是他带了司马昭的手令去收捕邓艾的。卫瓘的阴谋,不言可知。

钟会这人,正因一向诡计多端,他也许猜到了司马昭的阴谋,故意加以利用;也许是利欲熏心,不暇作长远考虑,居然仿效邓艾的字迹,向朝廷发出措词傲慢的表报文书,以证实邓艾的不臣之心;又仿效司马昭的字迹,写了些使邓艾大起疑心的信件。这一来,钟会、邓艾便完全对立。[1]

司马昭两步棋都已获得成功,于是再走第三步,硬指邓艾企图造反,下令槛车征艾(把邓艾囚禁送回京都),先去了一个心腹大患;但又给钟会一个甜头,先稳住他,所以又下令钟会进军成都,接收邓艾所部人马。

钟会也不是呆鸟,他也要借刀杀人,便叫卫瓘先带几十个随从,奉着诏书,拘捕邓艾,自己则亲率大军随后出发。

卫瓘何尝不知道此行非常危险,却又没有办法,只好硬着头皮进入成都。幸而邓艾并非成心造反,他手下的人听说司马昭来了手令,也不敢反抗,卫瓘总算顺利完成了任务。

钟会进入成都,摆在他眼前就只有两条路了:要么跟随邓艾之后,束手就擒;要么马上起来造反,第三条路是没有的。他认为,自己手上握有近二十万大军,还有蜀国的将领军士,合起来也是一股庞大力量。自己甘愿做"狡兔死,走狗烹"的韩信呢? 还是死里求生,干脆割据一方呢?

看来,姜维在这个问题上起了决定性作用,钟会终于走上第二条路了。

然而,阴险狡猾的司马昭料定钟会必反。当钟会进入成

---

[1] 见《资治通鉴》卷七十八。

钟会邓艾取汉中

会接入帐礼毕。
艾见军容甚肃,心中不安,乃以言挑之曰:
"将军得了汉中,乃朝廷之大幸也,可定策早取剑阁。"

都,远未站稳脚跟的时候,司马昭已经亲率十余万大军,紧紧追蹑在钟会之后了。

他的布置也够严密。首先命令亲信走狗贾充带万余人由长安入斜谷,严行监视;自己则挟持皇帝曹奂,以十万大军进驻长安;还怕曹魏的宗室旧族乘机在内部起事,又派得力干将山涛为行军司马,坐镇邺城。这一布置,明显的是下了决心同钟会周旋到底了。

钟会本来也有他的如意算盘。他对姜维说:"蜀兵可以作先锋,进兵斜谷;我亲率大军在后接应,攻占长安以后,便可分兵两路,一路由渭水直趋孟津,一路由潼关东下,水陆会师洛阳,天下事就可定了。"

然而事情却不出司马昭所料:"夫蜀已破亡,遗民震恐,不足与共图事;中国(魏国)将士各自思归,不肯与同(作反)也。"确实如此。所以钟会才一动作,内部便已先自扰乱,失败之快,出乎他的意料之外。(此事的经过,《三国志·钟会传》及《资治通鉴》卷七十八都有详细叙述,不再重复。)

或者以为钟、邓二人既有功于司马氏,如果不是成心作反,司马昭是不会杀他们的,不知道正因二人立了大功,所谓"功高震主",被杀的机会更大。

邓艾本是司马氏的忠顺奴才。曾在淮水一带开渠灌田,积储军粮,使军士屯田,替司马氏树立深厚势力;又在司马师讨伐毋丘俭、文钦时,立下汗马功劳。钟会则是司马氏的智囊团人物,镇压毋丘俭、文钦,赖钟会策划定计为多;后来杀诸葛诞,杀嵇康、吕安,也有他的密谋。《三国志》说他"从典知密事","寿春之破,会谋居多,时人谓之子房(张良)"。其后虽在外司,司马氏的"时政损益,当世与夺,无不综典"[1](意即参与机密)。

既然如此,司马昭为什么必须杀他两个呢?前已说过,一则这二人"功高震主",司马昭害怕此后驾驭不住。二则司马昭的秘密实在给两人知道得太多了,尤其是钟会,他长期是智囊团里的人物,司马氏如何玩弄阴谋,如何剪除异己,如何处心积虑篡夺政权,钟会是知道得一清二楚的。这也就构成非杀不可的条件。

试看钟会被杀之后,和钟会对立、本人又无明显反迹的邓艾,既已束身受囚,为什么还要杀了?如果说邓艾之死是卫瓘嗾使田续复仇之故,并非司马昭要杀他,那么事后何不治卫瓘擅杀之罪,反而连邓艾在洛阳的几个儿子也一并杀了,妻子及孙都发到西域充军。司马昭之心,岂不是路人皆见么!

封建时代的史官都认为钟、邓二人真的造反,这实在是不公平的。正如说魏延存心造反一样,钟、邓之死也是三国时代一场冤案。

---

[1] 见《三国志·邓艾传》及《钟会传》。

关索是谜一样的人物

毛宗岗的《三国演义》第八十七回,写诸葛孔明南征孟获,进军之初,忽然来了一员战将:

> 忽有关公第三子关索入军来见孔明曰:"自荆州失陷,逃难在鲍家庄养病,每要赴川见先帝报仇,疮痕未合,不能起行。近已安痊,打探得东吴仇人已皆诛戮,径来西川见帝,恰在途中遇见征南之兵,特来投见。"孔明闻之,嗟讶不已。一面遣人申报朝廷,就令关索为前部先锋,一同南征。

这个关索来得突然,使人莫名其妙。再查罗贯中的《三国志演义》却是没有的,显然是毛宗岗新添进去的了。

毛宗岗为什么要添上这个人物,倒是值得一谈的题目。

三国时代并无关索其人,自然更不会是关羽的儿子。可是到了宋代,这名字却忽然大行其道起来,而且用这名字的多数是社会下层的好汉。《三朝北盟会编》记载了李宝,善角觝,都人号为小关索;《梦粱录》记载角觝名手有赛关索;《武林旧事》记载角觝艺人有张关索、赛关索、严关索、小关索;甚至有个女摔跤手也叫赛关索;也有"强盗"头子自称小关索的。如此看来,宋代社会上一定曾流行过关索其人的故事,这个关索还是摔跤好手,无人能敌的。所以连《水浒传》里的杨雄也取个"病关索"的绰号。

还有奇怪的是,贵州省关岭县有个关索岭(在黄果树附近),至今还有关索的遗迹和传说。大旅行家徐霞客在《黔游日记》中写道:"马跑泉,乃关索公遗迹也。阁南道右,亦有泉出穴中,是为哑泉,人不得而尝焉。余勺马跑,甘洌次于惠(山),而高山得此,故自奇也……由阁南越一亭,又西上者二里,遂陟岭脊,是为关索岭。索为关公子,随蜀丞相诸葛南征,开辟蛮道至此。有庙,肇自国初(指明代初年),而大于王靖远,至今祀典不废。"清人陈鼎《黔游记》又说:"(由黔西)一路至滇,为关索岭者三,而滇中亦有数处。"那么关索的大名,竟是传遍西南了。这个人又是谁呢?可惜史传竟没有记载。

王利器先生曾引用明刻本《新镌京本校正通俗演义按鉴三国志》卷九"关索荆州认父"一节,说关公长子关索"七岁时元宵玩灯,闹中迷失,索员外拾去,养至九岁,送与班石洞花岳先生,学习武艺,因此兼三姓,取名花关索"。又说关索"先过鲍家庄,遇鲍三娘;后过卢塘寨,遇王桃、王悦,皆与孩子斗演武艺,比儿不过,完成夫妇"。这段记载,来源甚古,很可能出自宋代的民间传说。

毛宗岗大抵是知道滇黔一带有不少关索的传说,所以在孔明南征中,有意把他安插进来,让小说更能显出地方色彩。但又因为是临时凑合,因此在"七擒孟获"中,关索便不见得有什么特殊的表现,而且处处显出添凑的痕迹。这又可见毛宗岗对于关索的故事也是知之不多,竟无法添枝加叶,来个再创造了。这也可见在创作方面,毛宗岗远远比不上罗贯中。

按,1967年,江苏嘉定县出土了《新编全相说唱足本花关索传》四集,刻于明成化十四年(公元1478年),有人认为此书可能是据元刊本翻印。它的内容,同《三国志平话》有很大差别,全书从刘、关、张在桃园镇子牙庙结义说起,历叙兴刘寨聚义,落凤坡大败曹操,收西川五路城,擒杀陆逊、吕蒙,直到诸葛亮入道修行,最后以关索病卒结束。故事全是民间艺人创造,同正史根本无关。因此,即使罗贯中看过此书,也会认为不值一顾,无所取材。毛宗岗却没有见过此书,硬把关索加入,就显得不伦不类了。

口头"三国"拾趣

我说有两部《三国演义》,一部是文字的,一部是口头的。后一部《三国演义》,已有人收得二百多个故事,变成文字了。不过肯定还有未变成文字,仍在民间口头流传的。

这部口头《三国演义》没有由头到尾连贯的故事情节,而是以人物为中心的个别小故事,其中有些是凭空结撰,有些却多少与《三国演义》有关,可以看出民间小说家从不同角度来塑造他心目中的英雄人物。

有趣的是,一向在民间流行的俗语,居然也在此中找出故事来,本文且举两例。

"三个臭皮匠,顶个诸葛亮",这俗语人人皆知,来历如何呢?湖北咸宁县就流传这样的故事:

话说赤壁大战时,周瑜要孔明造十万支箭,限三天完成。孔明不慌不忙,叫三个随从准备二十只小船,两边插上稻草,用青布蒙着,打算三天之后大雾起时,向曹军借箭。三个随从依言准备了,忽向孔明禀道:"军师妙计不凡,可是曹操也不是好骗的,万一看出破绽,就不会上当。"孔明道:"你们有什么打算?"三个人回道:"小人是皮匠出身,自有叫曹操上当的办法,请军师明日来看。"

次日孔明来到江边,只见小船上的稻草人都穿上皮衣,戴上皮帽,一个个活像真的武士。孔明大为赞赏,说:"你们三个能顶得上我诸葛亮。"

到借箭那天,草船逼近曹营,曹兵仔细察看,见船上全是顶盔贯甲的兵士,以为吴军真来劫寨,便拼命放箭。不到一会,十万支箭都借来了。以后"三个臭皮匠,顶个诸葛亮"这话就流传开来。

"诸葛亮吊孝,假仁假义",民间故事是这样的:话说孔明三气周瑜以后,周瑜回到柴桑口,想得一计,向外宣称周瑜突然病死,向荆州发去文书,请孔明来吊孝。孔明来到柴桑,进入灵堂,仔细一看,文武全无悲戚之容,走近棺材,又见盖上有十几个眼孔,心中明白。

孔明摆开祭品,燃起香烛,跪下来读祭文,边读边哭,读罢,又伏在棺材上放声大哭,每哭一声,就把棺材捶一下,如此半个时辰,方才止住。人人都以为孔明一副好心肠。

谁知孔明在祭奠时,暗中把蜡烛捏成一个个丸子,捶棺材时,每捶一下就塞个丸子到眼孔里,把棺材盖的眼全塞上了。

原来周瑜正睡在棺材里诈死,蜡丸塞了眼孔,就在里面闷死了。这故事在镇江流传。

口头《三国演义》就有许多这种"不经之谈",比罗贯中的《三国演义》另有一番情趣。

假三国之后还有假三国——关于《反三国志演义》

许多人都知道三国的历史,许多人都读过《三国演义》,但对于它的结局,刘、孙、曹三家的庞大产业,竟然统统落到那阴险狡猾的司马懿及其子孙手上,而不久又演变成长达数百年之久的南北分裂,大抵都摇头叹息,甚至拍案而起,"太岂有此理!""天没有开眼!"都骂出来了。

确实,"战士军前半死生,奸徒幕下弄阴谋"。阴谋家不费一兵一卒,从别人的血泊里居然捞走偌大一个国家。捞走了又保不住,转眼便是"八王之乱",转眼外敌入侵。弄得兵戈遍地,金瓯破碎,生灵涂炭,文物荡尽。可恨可气可恼可痛,孰过于此!

少年人读《三国演义》,大抵都有这种局面:开头时兴致勃勃,甚至拍掌赞叹,跳起来叫好;但是越往下读,便越觉得不是滋味。关云长败走麦城,张翼德遇刺身亡,黄忠老去,马超病死,继之猇亭惨败,白帝托孤,西蜀气势,奄奄欲尽。虽有孔明七擒孟获,六出祁山,种种神奇,毕竟是回光返照。及至孔明"星落五丈原",大势全去,实在索然无味,废然掩卷,无意再读下去了。恨不得像唐明皇听艺人弹琴,幽幽咽咽,老大不是味道,赶紧叫人拿过羯鼓来,猛击三通,"为我解秽"那样,要找个地方出气。这便是在下当年读这部小说的景况。

原来同我这种想法的,竟也不乏其人。不久,我就发现一部"解秽小说"。它居然是金戈铁马,鼓声震地,大唱翻案之歌,把整部《三国演义》全都翻过来了。

此书名《反三国志》,又名《反三国志演义》,作者名周大荒,湖南人,民国初年军阀混战时,曾任谭浩同、曲同丰等的幕僚,后居北京。1924年,北京出版《民德报》,他便在报上发表其处女作《反三国志》。直到1930年,全书结集,交由上海卿云图书公司出版,此书共六十回。开头有个"楔子",叫做"雨夜谈心伤今吊古,晴窗走笔遣将调兵",交代写这本书的来历。除作者本人之外,还有评述者曹问雪,标点者谢曼,校订者陆友白。每回插图两幅,后面又有"异史氏"写的每回评论,说的是翻案目的、翻案苦心以及其巧妙之处、生花之笔等等。

作者自称要把《三国演义》成案一一加以推翻,即"为一干英雄,代造完成一统时局","为马超、赵云一时名将抱打不平,令其吐气"。作者的目的,倒不是非叫刘玄德家族统一天下不可,而是鉴于马超、赵云这一群名将,庞统、徐庶这几个军师,或生平失意,或功业不成,反而曹氏子孙、司马父子飞扬跋扈,志得意满,气他不过,便实行一翻其案。但这只是理由之一,其实作者周大荒还想显一显他本人的"军事才干"。他替军阀当幕僚,自以为"戎马书生",不妨略展胸中所长,料不到那"半亩方塘",施展不开手脚,无可奈何,于是转而纸上谈兵,借他人酒杯,快自己之意,这又是他写作本书的一个主要动机。至于尊刘抑曹,在势不得不如此,却又并非重要的。

此书不是从《三国演义》的第一回翻起,因为由开头到第三十六回之前,都还未进入三国历史,用不着去翻它的案,只有进入第三十六回,徐庶被骗北上,刘备失去一个军师,此案不可不翻,便从这一回翻起。此后便越翻越奇。刘备方面,集中了孔明、庞统、徐庶三个军师,更有五虎将各当一面,兵分数路,东征孙吴,北伐曹魏,大小数百战,终于统一了中原,建立了新朝。离不开衣锦荣归,大团圆结局那一套。

虽则是着意为三国英雄翻案,作者又特别看中两个人物,那就是马超和赵云。马超虽则是五虎将,但被曹操杀了一家人,父仇未报,落得个抑郁而亡,是个悲剧人物。《反三国志》特别同情他,尽情替他出气。写他南征北战,无坚不摧,最后是掘曹操之墓,生炙华歆,报了父仇,然后以王爵的身分,衣锦返回西凉,吐尽了平生的龌龊气。赵云也是个"有才无命"的人物,此书便写他在征吴灭曹中大显身手,而且还有个武艺出众的妻子马云騄——马超的妹子,在他身边。夫妻合作,杀敌致果,真算得上福慧双修。还有,徐庶是投曹的,就翻了个投曹不成,仍旧辅助刘备,终于成功的案。庞统是早死的,就翻了个逃出落凤坡之难,也终于建功立业的案。孔明一生谨慎,就写他的老练稳重,处处钳制司马懿,终于歼灭了司马一家父子。对于刘玄德,只是寥寥写了几笔,没有亲临前线,躬冒矢石,而且在洛阳病死了。倒是他的孙子刘谌,继了帝位,而刘阿斗却是遇刺身亡的。此书写曹氏一家,也各有褒贬。曹操自立称帝,不再是"周文王"。曹丕为人可恶,于是写他兵败投奔辽东,被迫自杀。曹植值得同情,他最后同曹彰逃到北方,留下曹氏一脉。孙吴方面,周瑜全是正面人物,并无气杀之事。鲁肃依然稳重,毫不糊涂。吕蒙奸诈,让他的阴谋一再落空。徐盛忠直,就写他慷慨战死。凡此种种,作者在翻案时,自称斟酌分寸,爱憎分明。

还有些章节,是翻得使人痛快的。如魏延当然是正面人物,却特笔写他偷渡子午谷成功,袭取长安,大大扬眉吐气。吕蒙原来"白衣渡江",诡计得逞,此书却说他的阴谋为赵云识破,无计夺取荆州,终于兵败身亡。刘禅这个"阿斗",昏庸无用,此书就写他遇刺身亡,让他的儿子刘谌继位。"将军向宠",在诸葛亮《出师表》中特笔提到,而《三国演义》只字不提,此书也给向宠写了几节文字,使读者略知其人。

不过,翻案痛快是一回事。作者的艺术才华又是另一回事。由于作者忙于布置纸上的军事行动,整天趴在地图上进行指挥,就抽不出时间来写其他有趣的事;加上欠缺艺术才华,像"赤壁之战"那样曲折有趣的笔墨,他便写不出来。连"七擒孟获"也只不过草草写了半回,枯燥无味得很。应该铺叙的没有铺叙,应该细描的没有细描,总觉得情节是匆匆而来,草草而过,艺术感染力便为之大减。所以从艺术性来说,它是远逊于《三国演义》的。它之所以很快被人忘却,主要原因便在这里。由此可见,作为一部小说,徒快人意是不行的,只有情节而缺乏艺术描写,尽管写得多么热闹,也是不行的。《反三国志》看来是极少有再版重印的机会了;但要谈三国故事,却还不应遗漏了它;而因为它是"假三国"之后又一部假三国,尚算有文献价值,仍然值得大书一笔的。

谈《反三国志》之"反"

《反三国志》全书共六十回,开头有个"楔子",叫"雨夜谈心伤今吊古,晴窗走笔遣将调兵",是交代写这本书的来历和创作过程的。每回有插图两幅(可惜画得不高明),后面都有"异史氏"写的一段评论,解释每一回翻案的目的、翻案的苦心或翻案的巧妙之处。

它从《三国演义》第三十六回翻起。据说因为三国历史是从刘备得孔明辅助才开始的,而孔明能辅助刘备,又是从徐庶走马荐诸葛开始。所以此书就从《三国演义》第三十六回《元直走马荐诸葛》翻起。写的是程昱诈作徐母手书,召徐庶回许昌,徐庶辞了刘备,匆匆北上。半路上来到司马德操庄院,司马先生看了徐母书信,便知有诈,留住徐庶。原来关云长已请得诸葛孔明出山,孔明知徐庶中计,急令赵云扮作军士,潜入许昌,将徐母保护出城,于是母子团聚。

第二回写张飞请来了庞统,拜为军师;又有长沙老将黄忠,听说孔明求将,自愿出山,途中遇见落草为寇的魏延,把他收服,一同投效刘备。再写刘表病重,死前把荆州让与刘备,于是刘备坐领荆州牧。附带又写孙权攻取江夏,杀了黄祖,报了父仇。

第三回写周瑜献计,派人到许昌诱说曹操进占荆州,挑起曹刘之争;曹操将计就计,命曹洪大张旗鼓,扬言进攻襄阳,却暗里亲率大军,偷袭合肥。

跟着写曹丕激反了张绣,张绣私带人马,投降东吴,把曹操诡计,和盘托出。合肥前线,吕蒙等大破张辽、李典,杀了乐进,先胜一阵。

第五回说周瑜和曹操在合肥会战。周瑜水陆两路,击败曹兵。于禁被擒,双耳割去,才得释放;张绣助吴兵一阵,立了大功。曹操被迫退军。

下一回写西川张松,私下带了地图,准备向曹操出卖,不料为张鲁所知,派人追到江陵,暗杀张松,取了地图。恰巧赵云在江上巡查,搜出地图,献与刘备。于是定出攻取益州之计。跟着说曹操派张郃、夏侯渊进军汉中,杀了张鲁、杨松等人,占据汉中。

下回又说曹操计赚马腾到许昌,把他杀害;再令曹洪、文聘带兵到扶风追歼马岱,马岱杀败追兵,退到天水。

此回还写刘备新丧甘、糜二夫人。孙权害怕曹操,周瑜主张孙、刘联亲,将权妹嫁与刘备,两家和好。

第八回写曹军再犯合肥,太史慈出战,中箭身死。另说西凉方面,马超尽起人马报仇。马超妹子马云䯄,武艺出众,一同出发,立时攻占长安;马岱与姜维又将文聘杀败,乘胜占领潼关。曹兵退入汉中,与夏侯渊会合。

又写曹操亲率精锐,反攻长安。在阵前,马超杀死曹操爱子仓舒;庞德与许褚斗刀,斗了三日,不分胜负,许褚诈败,庞德赶去,被埋伏的弓弩手乱箭射死。潼关又被曹兵偷袭,马超兵败,退到宝鸡、天水,方才停住。

随后是刘备进军西川,赵云、黄忠从中路进攻涪关,杀了杨怀、高沛,再与严颜、张任在巴州大战。张任骁勇,同赵云杀个平手,孔明用计,乱箭射死张任;严颜势穷力竭,只好投降。

下回即说刘备军队围困成都,刘璋命吴懿到川北征兵,不料马超接到刘备邀请书信,已领兵来到绵竹,李严出战,失手被擒,只得献出城池。马云騄又生擒了刘瑱,恰与赵云阵前相遇,刘璋至此只好出城投降。刘备得了益州,大封诸将,又撮合赵云与马云騄成为夫妇。

以上十回,便翻《三国演义》三十回书的案。其中三顾草庐不见了,真太可惜;赤壁之战没有了,便毫不热闹;三气周瑜也没有了,潼关之战写得草率,刘备入益州也不过如此。可见翻案文章真不好写。

第十一回说曹操怒骂汉献帝,气得管宁蹈海而死。伏皇后设计,把传国玉玺通过伏完暗中携出许昌,送与刘备。又说东吴周瑜,得病身亡。吴国太过分伤心,因此病重,引出孙夫人归宁探母。

后面写曹操知道玉玺出了许昌,大怒之下,杀了伏完全家;又在铜雀台大会群臣,商议废帝自立,曹植出班劝谏。又有刘晔献计,仍用汉天子名义,封孙权为吴王,使人暗示说刘备正觊觎帝位,以此激怒孙权。孙权果然中计,便命吕蒙准备进攻荆州。孙夫人知孙、刘关系破裂,自己又被拘留,一气之下,投身长江,义烈身亡。关羽在荆州得悉此事,立即宣布与东吴绝交。

第十五回写曹操自己称帝，废献帝为山阳公。华歆又命人将献帝、伏后刺死于山阳。曹植因不满父亲篡位，突然潜逃，不知去向。

下面又说刘备缟素发表，命孔明出师讨曹。孔明点兵遣将，派黄忠进攻夏侯渊，马超进攻张郃。马超与李严设计，诱降了孟达，夺了阳平关。黄忠又在定军山斩了夏侯渊，乘胜取了南郑。

然后又说孔明派遣魏延，从子午谷小路，偷袭关中。魏延带领三千人马，先夺了鄠县，再赚开长安城门，一举占领长安。孔明又命黄忠乘势夺取潼关。马超方面连败张郃、钟会、邓艾，肃清陇西一带。

第十八回写曹操亲率大军，企图夺回长安。孔明命魏延防守黄河，调李严、王平、姜维、马岱到潼关助马超迎敌。姜维设计，先败了曹操一阵，再战又胜。

再写孔明派马岱回西凉征集善战人马。又派姜维协助魏延，魏延恃勇，乘夜偷渡黄河，占领河东数县。孔明即派马超北上，乘机夺取上党，魏延再夺取榆次（今山西南部），两支军队扩大战果，迅即平定了并州。

第二十回是贾诩献计，亲到东吴，劝说孙权相机进取荆州。孙权早有此心，即命吕蒙挂帅。吕蒙暗派军士假扮客商，偷袭巴陵郡（今岳阳）。徐庶早已料及此着，即启云长，派赵云夫妇防江。赵云严密搜查，发现假装吴兵，一举加以消灭，吕蒙援军也狼狈败退。此回又带出庞统巡城，认识牙门小将向宠，荐到张飞麾下的情节。

这十回主要是写曹操亲自篡位，刘备初起义兵，争夺关中、陇右、山西一带,也就是魏国的西部地区。自此孔明不须"六出祁山",姜维更无"九伐中原",而魏延的偷渡子午谷奇计,顺利实现,翻案可说是干净利落。末后写赵云挫败吕蒙"白衣渡江"的阴谋,也大快人心。可惜文字一泻直下,绝无含蓄回旋、令人咀嚼之处,情节亦缺乏波澜起伏的奇观,这便使翻案文章为之黯然失色了。

第二十二回写刘备决定北伐大计,令云长进兵北上。云长派张飞进攻方城,庞统设计,袭取方城。曹洪退守叶县,伊阳、舞阳也落入汉军手中(均在今河南省)。此时又有黄承彦之子黄武,崔州平之子崔颀,庞德公两孙庞豫、庞丰前来投军,归到张飞麾下。

下回写曹操从晋阳退回许昌,拜司马懿为都督,到前线抵御关羽。马岱在武威招得精兵三万余人,回到长安,孔明命马超领骑兵八千,赴襄阳协助防守。正值张郃前来偷袭,马超杀败张郃,再移兵武关,与马岱攻取卢氏,又占领宜阳(均在河南省西部)。

下回又说吕蒙要袭荆州,未曾得手,反被赵云奇兵夺了江夏;向宠守住巴陵,与吴军血战,不分胜负。赵云赶到,杀败吕蒙;甘宁在潜江,亦为刘封、马云騄所阻。

第廿五回写刘玄德进位汉中王;孔明定策,以魏延为左翼主将,进攻渑池;马超为右翼主将,进攻洛阳;自领大军从潼关出师。另方面,关云长亦三路出兵,关兴攻登封,黄忠攻郏鄏,张飞攻叶县,威胁许昌(以上数地均在河南省)。

下回便写黄忠与徐晃在阌乡大战,黄忠攻破城池,徐晃退回函谷。魏延再强渡黄河,占据邙山,威胁洛阳。

下回又写诸葛瞻冒险夺取龙门,收降了文钦、文鸯父子。司马昭用计,藏兵于少室山中,再同司马师、钟会合计,把汉军杀败。

第廿八回是张辽与曹仁起兵反攻方城,张飞抵敌不住,关云长立即提兵来救,张辽迎战不胜,火速退军。另方面,曹洪追赶关兴、张苞,反被文鸯、马超偷袭了郏鄘,只得退到禹县。这几回都是写魏蜀两军在河南省的攻守战。

下回写刘玄德离开成都,亲自坐镇荆州。不料刘表旧将蔡瑁、张允私通东吴,出卖了沔阳,又约蔡中、蔡和兄弟暗中起事,被赵云发觉,杀了二蔡。徐盛得了沔阳,进攻荆州,被向宠挡住,马云騄提兵来救,在江上擒了蔡瑁、张允,立即处死,徐盛只好退出沔阳。

再写赵云乘势进攻仙桃镇(今湖北沔阳县)与徐盛血战,斩了潘璋、陈武;另有徐庶、关兴又攻占皂角市,吕蒙弃了夏口(今汉口)向南撤退。

第三十一回又说许褚守渑池,魏延率大军围攻,得姜维用计,乱箭射死许褚,夺了渑池。徐晃也弃了函谷关向东撤退。此时马超又得了登封城(均在河南省)。

接写马超进攻偃师,与曹彰大战,未分胜负。马超远袭密县,反被张辽击败。孔明命黄忠进攻,杀败张郃,直抵司马懿镇守的新安。

接写孔明定计,夜袭敌营,射杀满宠,斩了牵招。马超方面,由诸葛瞻出马,到叔父诸葛诞营中劝降,诸葛诞愿意归顺。马超乘机袭破魏兵三屯,阻断洛阳交通。

下回又写曹操在许昌会议,布置计策,准备向汉军反攻。

又命陈群劝孙权进兵,夹击夏口,窥取襄阳。东吴徐盛提出五路出兵之计。其中苍梧太守士燮由苍梧北上,袭击零陵郡,刘璋在零陵投降。

另有番禺太守虞翻也奉孙权之命出兵,派其四子北犯桂阳,马谡伏兵山中,迫使敌人不战自退。又说蒋琬反攻桂阳,士燮战败,弃城而走,到了九嶷山,被迫兵围住,自刎而亡。

第三十六回是说东吴吕范煽动孟获作反,孟获领兵杀向越嶲,太守吕凯据城坚守。刘禅在成都闻报,与法正商议对策,法正举荐孔明夫人,以奇门遁甲之术退敌。黄夫人即与媳妇锦城公主乘纸制飞鸢到了越嶲,令士兵扮作神鬼,吓退蛮兵;孟获逃到三连海,踏中陷坑被擒,黄夫人告诫后释放,自此孟获永不再犯。

吕蒙听说南方三路兵败,自己又无法取胜,逼得撤兵。赵云转军向北袭击汝南,得了汝南,又分兵攻占上蔡、鄢陵、舞阳、沈丘,进逼临颍(均在今河南省),威胁许昌。云长恐赵云孤军有失,亲自进驻舞阳。另方面,马超偷袭孟津驿,尽烧魏兵粮仓。

下回写孔明视察新安形势,密召矿工开掘隧道,直到新安城下,再用火药二十万斤填入,一霎时轰倒新安城墙数十丈,司马师阵亡,汉军涌入,司马懿虽有张郃、徐晃、李典等名将,不能抵敌,大败逃奔,退到洛阳,掘堑死守。

第三十九回写孔明与司马懿在洛阳、偃师之间展开一场恶战,一方有马超、黄忠、李严、诸葛诞、诸葛瞻,一方有徐晃、张郃、邓艾、钟会,十天之间,大战三场,未分胜负。孔明令马超率军夺取孟津,切断魏兵粮路,逼得司马懿放弃洛阳,退守偃师。

接下去是马超转向南线,迎击来犯汝南的于禁,一战而胜,于禁领败兵投向东吴。

东吴方面,因曹真让出合肥,徐盛北向进攻新蔡(在河南省)。赵云夫妇血战数日,马超来援,阵上擒了徐盛,斩了曹真。自此东吴无力进取。

此时张辽坚守叶县,抵御张飞、关羽两军;马超则深入腹地,逼近许昌。曹操病危,遗命曹丕退据幽州,联结鲜卑,以图死守。曹彰仍留许昌。

第四十二回是刘备移驻南阳,赵云决汝、颍二河之水,灌入临颍,迫使魏将弃城逃走。襄陵的徐晃,四面被围,突围时被马超兄弟截住,力战而亡。

此时李典又败于赵云;曹彰见许昌难守,决定放弃,退到黄河北岸。赵云入城,华歆迎降。马超来到,设灵位祭祀马腾,当场生炙了华歆,并率军士把曹操七十二疑冢尽行发掘。

以上二十二回,尽是攻胜战取之事,不甚熟悉地理的读者,怕要看得头昏眼花了。不过,除了孟获、士燮两役外,作战地区都在今河南、湖北两省。作者为要显耀自己遣兵调将的才能,所以除作战而外,竟再没有什么可谈的事,此书之不耐久看,道理也在于此。

第四十四回是司马懿知大势已去,急令曹彰、曹洪、曹仁、文聘退到河北,只有张辽立意死守叶县,结果张辽战死,刘备尽收河南之地。

接下是久驻上党的王平,进兵安阳,迅即克服,直杀到河北的获嘉。马超渡河支援,张郃向原武逃走。还有曹彰与东吴联合,吕蒙领兵来到山东。孔明命赵云渡河进击,自己亲自进攻司马懿。司马懿无法抵敌,退守延津。

第四十六回写赵云进兵封丘(在今河南北部),与曹洪血战,司马懿来救,大败赵云,魏军亦折了曹爽、曹惠、司马昭,伤了张郃。又说马超一军,在河北收了邯郸,攻占邢台,与曹彰血战几场,曹彰无法抵敌,退入柳城,依靠鲜卑,暂时立足。魏延与王平合兵,进攻幽州,曹丕退入辽东;程昱被擒,自刎而亡。

又说曹熊退守渔阳(今北京附近),王平领军杀到,曹熊自杀。曹丕、曹休到了辽东,公孙渊惧怕汉军,暗图袭杀,曹丕知道,饮鸩先死,曹休被杀,汉军又得了辽东。赵云再度进攻封丘,杀了毋丘俭。司马懿在延津死战,打败黄忠。

第四十八回是刘禅在江陵遇刺身死,刘备册立刘谌为王孙。吕蒙渡河进攻封丘,甘宁去救司马懿,汉军抵挡不住,于是魏、吴合兵在范县(在今山东西部)坚守。

以下续说汉、魏、吴三国在濮阳(在今河北省南)大战,韩当被张飞刺伤身死;赵云又攻占合肥,孙韶兵败自杀。

第五十回是吕蒙战死于濮阳城,蒋钦、孙峻阵上被杀。司马懿死守东阿,孔明再施地雷计,司马懿、张郃、曹仁、曹洪尽皆炸死,文聘被张苞所杀。黄忠又围攻馆陶(以上二地均在山东省),生擒于禁,邓艾阵亡,钟会自刎,魏军全部覆没。

续写孔明病重,在历城(今济南)逝世;徐庶指挥马超、姜维等将,扫平江北。甘宁战败,在射阳河边落水而死,丁奉也在淮阴阵亡。于是东吴大将只剩陆逊等三两人。孙权又急又气,发病身死。

以后的事,不必细说,无非是数路汉军,齐向江南进发,一路上战胜攻取,扫荡东南,平定交州、广州,成功了一统天下的局面。

最后写到刘备得病,崩于洛阳,王孙刘谌继位,成为中兴之主。曹彰退出塞外,自立为王,在冰天中忽与曹植相见。然后新主大封功臣,诸葛亮追封琅琊王,关羽封武安王,张飞封武定王,马超封武威王,赵云封武成王,黄忠封武平王,其余文武,各有封赏。一部《反三国志》,就这样翻案完毕。

此书自然写得大快人心,因为好人有好报,恶人有恶报,都得到应有下场,同《荡寇志》正好相反,所以读来绝不气闷。不过,写行军打仗太多,又缺乏生花之笔,总觉难以耐人寻味。艺术性太差,是此书的致命弱点。

替孔明"补天"的反三国戏

替三国历史翻案,最早的应推乾隆年间浙江钱塘人夏纶撰的戏曲《南阳乐》。

《南阳乐》是以诸葛孔明为主角的南戏,共三十二折。翻案是由孔明六出祁山开始,写孔明攻魏,司马懿率军抵敌,相持于五丈原。

孔明因军务过劳,得了重病,呕血不止。司马懿得知,命其子司马师偷袭蜀军,又命司马昭赴吴,约孙权夹击蜀国。孔明病中用计,斩了司马师,又命大将李严协助皇孙刘谌镇守白帝城。孔明素精禳星之术,于是筑坛向天求寿。至第七日,天帝感其忠诚,命天医华佗下界,以仙丹投入药剂中,孔明遂霍然而愈,将星亦冉冉复明。

司马懿探知孔明病愈,大为惊恐,便又暗遣司马昭入四川,通过奸臣黄皓向后主进谗,召回前线蜀军,被孔明识破奸谋。黄皓又生一计,趁后主祭先主庙之机,派遣刺客,企图刺杀后主,刺客当场擒获,却又血口喷人,硬说是由北地王刘谌派遣的。后主大怒,下诏将北地王赐死,幸得蒋琬、费祎谏阻。后主于是询问孔明,孔明再次识破奸谋,北地王得以安然无事。

接着又写孔明在祁山被阻,于是授魏延一万精兵,使其偷渡子午谷;又命马岱率兵三万为前锋,从斜谷北上进攻。司马昭迎战魏延,兵败被杀;司马懿急迎斜谷北上之蜀军,在长安城外展开大战。结果,司马懿大败被擒。蜀国两军相合,直逼洛阳。曹丕闻蜀军大至,与华歆落荒而走,到半路上,蜀军追及,曹丕被擒,华歆被杀,于是魏国灭亡。

此处还有孔明命魏延发掘曹操七十二疑冢的事。魏延也果真把曹操的尸首找出来加以戮辱了。真可谓"一笔不漏"。

下面便写孙权命陆逊率军,由长江向四川进攻,一时声势汹汹。蜀将李严与北地王正在扼守白帝城,闻讯之下,立即迎战,两军在长江中游水陆肉搏,未分胜负,却有关云长之魂,率领阴兵前来助阵,吴军大败,陆逊被迫自刎而死。以后蜀军长驱直入,无人可挡,一直逼近吴都,孙权见大势已去,只好开城投降。

《南阳乐》演到魏、吴灭亡,本来可以结束了,但作者还要为剧中人物安排后事,以完成"南阳"之"乐"。于是就拖了一条不长不短的尾巴。

尾巴之一是,审得曹丕篡汉自立,罪大恶极,理应处以极刑,悬首示众。

之二是,审得司马懿抗拒官军,顽固不悛,理应斩首,以儆效尤。

之三是,审得孙权割据自立,偷袭荆州,致使关羽败亡,先主亦因忿兵而败,本应处以极刑,但念其妹乃先帝之遗孀,有此葭莩之亲,姑且免其一死,判处永远监禁。

之四是,查得孙夫人被骗大归之后,在东吴为先帝守节,日夜悼念,孝服不离,情实可悯,理应迎归成都,晋封尊号,以示崇仰。

之五是,孔明见大功告成,遂祭先帝之庙返回南阳隐居,以乐天年。后主挽留不住,亲身远送,隆重饯别。孔明遂实现其高卧南阳之乐。

最后一条尾巴是,后主刘禅以北地王刘谌年少有为,足为令主,于是禅位于北地王,自己退居太上皇之位。新帝登基,大赦天下。

真是一切完满。

夏纶大翻三国之案,自然是有历史背景的。因为清人入关后,对关羽十分尊崇,视为最敬之神,连带着也就更加"尊蜀抑魏";而且诸葛孔明之孤忠,亦更受到崇仰;然而孔明呕血,蜀国灭亡,毕竟是一大恨事。为了弥补此恨,于是他便奋身而起,借戏曲的形式,为三国历史作一大翻案。

《南阳乐》写出后,大受拥蜀派的欢迎,虽上演情况如何不得而知,剧评家却几乎一致叫好,认为翻得痛快。其中徐元梦、梁廷枏更摘出剧中的十六事,如擒曹丕,杀司马懿,掘曹操墓等等,尤称快笔云云。这也可见有清一代的社会风气了。

但此剧是由五丈原禳星翻起,五虎将尚未翻身,有人还认为不够过瘾,所以到了民国初年,周大荒就索性来个更彻底的翻案,于是便有《反三国志演义》出现。使西蜀五虎将一个个战无不胜,攻无不克,大为扬眉吐气。这段"翻身史"终于告一段落。

然而细想起来,此中又似乎有阿Q精神的影子在,这两位作者,是不是把阿Q精神也带到古人身上呢?且让读者自己思索吧。

《三国演义》须应附上地图

《三国演义》成书后，印数之多，应居古典小说中的首位。但有一事却很奇怪，向来只看到种种不同的绣像本。人物形象，每回插图，往往不同，却看不到附有地图的。笔者所见，50年代内地重印的一种，附有简单的三国区域图，算是差强人意，但仍觉得不够详细。

这本以历史战争为题材的小说，从黄巾起义，直到西晋灭吴，差不多一百年，绝大部分是讲打仗的事，军事行动遍及半个中国，地方军阀割据地区，犬牙交错，形势非常复杂。如果不附地图，便像看"三国戏"那样，只见台上人物杀来杀去，到底他们在天之南还是地之北，一概不知，那结果只是一片糊涂而已。

小孩子读《三国演义》，无非取其情节热闹，故事新奇，这自然可以原谅，若是大人了，还停留在这个水平，便未免太没出息。

为了让更多的人多知道些中国地理，我以为从小说入手，乃是比较顺势而又轻而易举的办法，恰巧中国就有这本《三国演义》，更是极有利的条件。

《三国演义》不止是一本很好的历史小说,还可以说是一本极难得的"地理小说"。这"地理小说"虽是笔者的杜撰,却颇适合于它的身分,因为若说牵涉地理名目之多,没有其他小说可以和它相比。我们正好利用这本小说来普及中国地理知识。

但是只附一张"三国分立图"显然是不够的,必须附上二三十幅区域大小不一的地图,分插在适当的回目之后。如赤壁之战就附"赤壁形势图",汉中之战就附"汉中形势图",南征孟获就附"诸葛南征图",官渡之战就附"袁曹形势图",如此等等。还须两色套印,把古今地名、区划不同分别标示出来,让读者知古而又知今。

一般人若不是眼前需要,都怕看那些干巴巴的地图,但《三国演义》的地图则是活的,充满趣味的。用它来普及地理知识,一定能事半而功倍。

我说《三国演义》的地图是活的,并非指这些地图绘法与别不同(当然,假如有地图绘制家能使地图更"活"起来,如在地图上加绘些人物之类,也是一法),我的意思是说,一般人看地图,多是为了寻找他要去的地方,平时不会平白无故地找地图看的,但《三国演义》的地图,则是紧紧结合着故事情节,故事发展到哪里,地图也出现在哪里,这样,地图就仿佛藏着故事似的。比如,绘着赤壁之战的地图,北面是新野、樊城、襄阳,南面是长坂、当阳、江陵,向东是夏口、樊口、赤壁、乌林。就是这样一幅地图,读者结合着故事,便分明似见火烧新野、单骑救主、喝断长坂桥乃至火烧赤壁、败走华容道等等生动的人物活动着,死地图立即变成活地图了。

古人读书,本有"左图右史"之说。因为单看文字,有些历史事件是不大清楚的,必须附图。这图既包括绘画,也包括地图。不过旧时印刷条件困难,有些书籍本有附图的,也被删去,实在可惜。如今印刷技术日趋先进,这些原有的图便应恢复,没有的图也应补绘才是了。

不过《三国演义》的地名,有真的,也有假的,有可考的,亦有不可考的,因为它到底不同于正式历史,其中夹杂着小说家的杜撰。所以制图时也应心中有数。

举两个例子来说:

关云长"过五关斩六将"这五关,便有真有假,而且关云长走的路线也不对。《三国演义》说的五关,第一关是东岭关,这关在许昌就查不到。第二关到了洛阳,这本不是由许昌到河北必经之路。第三关是沂水关,沂水在今山东省,更不是关云长应走的路。第四关是荥阳,又回到河南省来了。第五关叫滑州,滑州乃是隋代才出现的地名,三国时代还没有。从这五关的名字,便可知道全是小说家的随意牵扯,类似的不止这一事,如用地图表示,就会看出它的破绽。

又如孔明南征孟获,有些地名如泸水、永昌等是实有的,有些地名如秃龙洞、银坑洞、八纳洞之类,却是随手牵来,无从查考,所以也须分别处理。

即使如此,《三国演义》到底不失为普及地理知识的一部有用的书,通过它来发挥作用,对于减少"地理盲"是颇有好处的。